LETTRES DE LAY.

IMPRIMERIE DE J. TASTU,
RUE DE VAUGIRARD, N° 36.

LETTRES DE LAY,

ÉCRITES

PAR UN VIEUX RENTIER,

BOURGEOIS DE PARIS.

PARIS.

BÉCHET AINÉ, LIBRAIRE, QUAI DES AUGUSTINS, N° 57.

MAI 1824.

AVIS
DE L'ÉDITEUR.

Les trois premières lettres de ce recueil ont été publiées dans les numéros du *Journal du commerce* des 2, 3, 11 et 22 avril. Elles annonçaient, dans le correspondant du rédacteur de ce journal, beaucoup d'instruction en matière de finances, présentée sous des formes variées, agréables et piquantes. Quatre nouvelles lettres du même auteur traitent le sujet qui agite, dans ce moment, l'opinion publique, sous des points de vue nouveaux ou différens. Nous en avons cru la publication utile, et nous en avons formé un recueil sous le titre de *Lettres de Lay* (*près Paris*).

Ces lettres, écrites avec la rapidité des événemens, réclament, sous ce rapport, l'indulgence des lecteurs. Toutes les données financières sont d'ailleurs de la plus grande exactitude. L'auteur ne pense pas que la prospérité de nos finances soit aussi peu contestable que le disent quelques personnes; et que la cherté de toutes les denrées soit la preuve de l'abondance de l'argent ou du *medium* de circulation; et il le prouve, ce qui vaut mieux.

DE M.

TABLE

DES MATIÈRES.

FIN DE LA TABLE DES MATIÈRES.

LETTRES D'UN VIEUX RENTIER.

LETTRE PREMIÈRE.

Au Rédacteur du Journal du commerce.

Lay, près Paris, 29 mars 1824.

Je suis bourgeois de Paris depuis un temps immémorial, et rentier. Je vous remercie donc, M. le rédacteur, de tout ce que vous dites en notre faveur. Un de nos grands-pères, marguillier de Saint-Landry, sous Charles VII, avait fait des pertes considérables, en prêtant aux rois, aux princes de son temps et à leurs serviteurs et courtisans. Il nous en laissa l'état, et nous défendit de sortir notre argent du commerce. Nous lui fûmes longtemps fidèles. Cependant le bon roi Louis XII, l'inventeur des premiers emprunts et de la vénalité des charges, eut besoin des secours de sa bonne ville. Pouvions-nous lui refuser nos écus?

Henri III, qui, en dix-neuf ans de règne, doubla les impôts et emprunta 340,000 liv. qui feraient aujourd'hui 1,700,000,000 fr., força notre famille de lui prêter des sommes assez fortes, pour lesquelles on nous donna des contrats sur l'Hôtel-de-Ville et des offices. Vint la Ligue, due beaucoup plutôt aux désordres de l'administration, à la prodigalité du roi, à l'avidité de ses favoris, qu'à Philippe II et au Pape. Le cardinal de Pellevé nous empruntait souvent et ne remboursa jamais. Il fallut bien faire vivre le parlement de Tours et celui de Paris; quoique rançonnés par les Seize, nous étions ligueurs; et M. de Sully nous traita avec rancune plutôt qu'avec la sévérité de son économie, lors du remboursement des contrats et des charges. Nous jurâmes de nouveau de ne plus prêter à l'État.

Les 250,000,000 l., à 20 fr. le marc d'argent, des emprunts du redouté cardinal de Richelieu n'eurent pas notre argent. Vint la Fronde : nous courions le Mazarin comme une bête fauve, ou nous le chansonnions, et nous ne lui prêtions pas. Nous n'avons eu aucun contrat dans les 180,000,000 liv. d'emprunts de la régence d'Anne d'Autriche. Nous avons bien fourni quelque argent au coadjuteur et aux belles duchesses de la Fronde; mais nous en fûmes religieusement remboursés.

Le grand roi demanda très-peu, dans ses prospérités. M. de Colbert dirigeait les finances, avec sagesse et économie. Mais la vieillesse du roi fut malheureuse : notre famille porta son argenterie à la Monnaie, et son argent à l'Hôtel-de-Ville; elle acheta des charges; elle escompta des billets et des ordonnances des caisses du roi. En 1715, il nous était dû pour *constitutions de rentes* sur l'Hôtel-de-Ville, *promesses de gabelles*, *billets de Fargès*, *de Legendre*, *billets de l'État* et ordonnances et assignations de dix-huit espèces différentes, sur les trente-cinq qui existaient, 1,269,600 liv. t., le marc d'argent à 36 fr.

Le capital de la dette constituée s'élevait, à la mort de Louis XIV, à 710,994,000 liv.; la dette flottante était considérable. En 1716, on eut une chambre de justice qui taxa les traitans à 219,478,391 liv. : à peine le dixième des taxes fut-il payé. L'année suivante fut celle du *visa*. La dette flottante, de 596,696,959 liv., fut réduite par *les frères Paris* à 333,352,709 liv. Nous subîmes une réduction proportionnelle.

Les valeurs qui furent données à notre grand-père furent payées en *billets de la banque royale* de M. Law, qui s'était chargé de rembourser les dettes de l'État avec du bon papier à timbre sec : nous eûmes alors le *système*, ses folies, les désordres des finances, et les convulsions de la circulation et de la propriété. Il avait été fabriqué pour plus de 3,200,000,000 liv. de *billets de banque* ou *d'État*, sans compter plus de 256,000 actions de toute dénomination, présente ou successive; 2,222,597,481 liv. de billets et les actions passèrent à un nouveau *visa*, et, en 1728, furent définitivement liquidés : la dette de l'État se trouva de 1,720,733,294 liv., en contrats sur l'Hôtel-de-Ville portant 51,500,000 liv. de rentes, au denier 40 et 50, viagères et en tontines.

Notre famille sortit de cette bagarre avec un capital de 400,000 liv. en contrats sur la Ville, au denier 40, et une collection d'édits bursaux, la plus complète qu'on puisse imaginer. Notre grand-père ne passa jamais dans la rue Quincampoix, et n'en entendait prononcer le nom qu'avec douleur et beaucoup de honte.

La bulle *Unigenitus*, l'appel au futur concile et le réappel avaient conduit à la Bastille et dans d'autres prisons, cinq prêtres et deux religieuses de nos parens; nous avions eu plusieurs fois le hideux spectacle des refus de sacremens et de sépulture à des personnes de notre famille; mon père se rapprocha de la *société*, et contre le vœu de tous nos grands parens, il m'envoya au collége de Clermont ou de Louis-le-Grand. Peu après son nom figura pour 400,000 f. parmi les créanciers de la faillite de 20 millions des frères Leonzi et du père Lavalette, procureur-général des missions des jésuites.

En 1770, l'*abbé Terray* réduisit les rentes à moitié, et pour les 1,269,600 liv. versées dans les caisses royales, sous le règne de Louis XIV, mon père ne toucha plus que 5,000 liv. *à perpétuité* (le marc d'argent à 52 liv.).

Nous nous gardâmes bien, comme on peut le penser, de souscrire dans aucun des emprunts des règnes de Louis XV et de Louis XVI. Ils s'élevaient, avec les anticipations, à 3,881,978,125 liv.

Tant de dépenses, de désordres, de dilapidations de la fortune publique devaient amener de grands bouleversemens, nous eûmes la révolution de 1789, celle de 1792, les assignats et la terreur, grâces à Danton et au baron de Batz. Les assignats ont diminué notre avoir de 1,500,000 liv., soit pertes de revenus, soit ventes à vil prix d'objets précieux, soit remboursemens forcés.

Nous fûmes taxés, en l'an IV, à l'emprunt forcé pour 100,000 fr. en numéraire ou en mandats au cours. Nos jeunes gens, pour se sauver de la tourmente, avaient fait quelques fournitures aux armées dans les années IV et V et en l'an VII, et ils étaient créanciers d'environ 200,000 fr. Ils furent liquidés en assignats et en mandats, conduits jusqu'à leur dernier terme de dépréciation, pour les fournitures de l'an IV, et avec un tel art, qu'ils restèrent débiteurs de 45 fr. Leur liquidation pour l'an V et l'an VII fut plus longue ; on ne put s'empêcher de les reconnaître créanciers de 60,300 liv. qu'on leur paya en rentes *consolidées* à 3 p. 100. La loi du 24 frimaire an VI, qui renouvela le *visa*, le *système*, sa liquidation et l'*abbé Terray*, transforma les rentes *intégrales* de la loi de 1793 en tiers consolidés et en deux tiers mobilisés.

Voici actuellement mon compte :

Le contrat sur la ville de 400,000 liv., de 1728, réduit à moitié par l'abbé Terray, a produit 5,000 liv. de rentes intégrales, réduites encore, par la loi du 24 frimaire an VI, à une rente *perpétuelle consolidée* de 1826 f. 88 c.

La liquidation de l'emprunt forcé

De l'autre part.	1826 f. 88 c.
de 100,000 fr. a produit une rente semblable, ci.	1826 88
Pour la valeur des fournitures de l'an V et de l'an VII, dont je me suis chargé vis-à-vis de mes enfans, j'ai eu une rente perpétuelle dite à 3 p. 100 consolidée de	1818 00
Je me trouve donc, pour 1,569,600 l. déboursés par les miens, propriétaire d'une botte d'assignats et de mandats démonétisés, et d'une inscription de rente perpétuelle de	5471 76

Si nous avons perdu beaucoup d'argent, si nous sommes toujours revenus au point d'où nous étions partis, nous avons acquis une grande expérience. Ainsi, nous ne serons désormais ni ligueurs, ni frondeurs, ni appelans et réappelans, ni jansénistes, ni jésuites. Nous sommes devenus la pâte la plus douce de contribuables que puisse désirer une administration. Nous jurerons toujours dans les paroles du maître. Nos seigneurs des finances seront pour nous des Colbert ou tout au moins des Sully. Plus de censure des personnes; et nous n'examinerons les choses et les faits qu'autant que l'autorité nous le permettra.

Le discours du trône annonce que des mesures sont prises pour assurer le remboursement du capital des rentes.... ou pour obtenir leur conversion en des titres dont l'intérêt soit moins élevé.... Quand l'opération sera consommée, elle permettra de réduire les impôts et de fermer les dernières plaies de la révolution.

Le *Moniteur*, commentant ces royales paroles, nous annonce que 140,000,000 de rentes seront remboursés aux prêteurs, à volonté, ou reconstitués, à 3 pour cent, en sorte que les prêteurs n'aient à la vérité que 4 p. 100 d'intérêts au lieu de 5, mais un capital plus élevé d'un tiers, c'est-à-dire : 133,333 fr. 33 c. à 3 p. 100, pour 100,000 fr. de 5 p. 100. Il nous fait remarquer que, par ce mode d'opérer, le gouvernement s'interdit la faculté de réduire ultérieurement l'intérêt. Du reste les fonds du remboursement sont faits. On *presse le gouvernement de les recevoir;* et le *Moniteur* me paraît *presser les rentiers* d'éviter aux banquiers du gouvernement l'embarras de cette opération, en reconstituant eux-mêmes leurs anciennes inscriptions à 5 p. 100 en inscriptions à 3 p. 100, avec un capital nominal plus fort d'un tiers.

Le *Moniteur*, après s'être appuyé du Code civil, prouve d'abord que la mesure du remboursement est légale et juste.

Pénétré des exhortations de mes grands-pères du temps de Charles VII et de celui du *Système*, et du principe que la morale des gouvernemens ne peut pas être la même que celle des particuliers, principe qu'une expérience longue et onéreuse pour nous, m'a confirmés, je n'aime pas qu'on invoque les doctrines d'un code fait pour les particuliers, et les lois d'une justice distributive que les gouvernemens, à leur grand regret, j'en suis sûr, ne peuvent pas toujours s'appliquer.

Le Code, ainsi que vous le remarquez très-justement, veut qu'on rende le capital qu'on a reçu. Mais l'État peut-il me rendre les 400,000 fr. du contrat sur la Ville, au denier 40, à 2 1/2 p. 100 de la liquidation du *système*, ou celles du contrat nouveau de l'abbé Terray ; et les 100,000 fr. de l'emprunt forcé de l'an IV, et les 60,300 des ordonnances du service des années V et VII ? Que serait-ce, si pour être plus juste, je lui demandais de me rendre mon capital en espèces, aux mêmes titres et poids, le marc d'argent à 36 livres. Il ne faut donc pas citer le Code civil, puisqu'on ne peut ni on ne veut en exécuter les dispositions.

Il s'agit ici d'un capital qui a déjà été réduit plusieurs fois : et à la dernière, il y a eu convention réciproque de servir *à perpétuité*, à mon profit, et sans même indiquer de moyens et d'espoir d'amortissement et de rachat pour le créancier, une rente inscrite sur le grand livre du débiteur, de la somme de 5,471 fr. 76 c. J'ai abandonné, en faveur de cette perpétuité, mes droits au paiement du capital qui m'était dû intégralement. Si, dans une faillite, un concordat établissait en faveur des créanciers une rente *à perpétuité*, pour une partie du capital, le reste étant abandonné, le débiteur serait-il admis à racheter sa rente? Ne prenons donc pas pour bases des transactions d'un gouvernement avec ses créanciers, un code de lois faites pour les particuliers.

Examinons la mesure en elle-même, et sous d'autres rapports.

Cette conversion des 5 p. 100 en 3 p. 100, à raison de 133 1/3 p. 100, proposée de gré à gré, me paraît reposer en entier non sur la volonté du prêteur, mais sur la nécessité qu'on lui fait de placer à 4 p. 100, parce que la grande quantité de capitaux amenés sur la place par l'opération du gouvernement ou par ses banquiers, ne lui permettra pas d'obtenir un plus haut intérêt des fonds qui lui auront été remboursés. Il y a donc ici force et violence financière.

Et qui vous dit que cette opération n'a pas pour but, n'aura pas du moins pour résultat, de fournir aux étrangers l'occasion de retirer les capitaux qu'ils ont dans nos fonds publics? et je vous le prouverai plus tard. Dès-lors, quelles convulsions dans les changes avec l'étranger, et dans les placemens et la circulation intérieure! (1)

---

(1) Mes petits-enfans m'assurent qu'on le craint à la Bourse. Est-ce à tort, est-ce avec raison? Je ne saurais qu'en dire. Il est bien certain, toutefois, que les circulations ne vont guère au-delà de dix-huit mois; il faut réaliser. A plus forte raison, s'il y avait des craintes de guerre : et pourquoi pas? Ces malheureux Grecs fatiguent constamment mon amour de la paix; et depuis les Atrides, ils sont toujours là, pour nous imprimer de fortes émotions.

Admettons, cependant, qu'il n'en soit rien : mais que les spéculateurs sur les fonds publics prennent leur remboursement, jouent la contre-partie des financiers qui *pressent le gouvernement de recevoir les capitaux* nécessaires à l'opération ; qu'ils retiennent leur argent en caisse, pendant un temps très-court, trois ou quatre mois ; qu'arrivera-t-il ? Ne tenons pas compte des bouleversemens de la place et des changes ; quelque forts que soient les banquiers chargés de cette conversion, ils ne fourniront pas, sans de grands sacrifices, les capitaux de remboursement ; bientôt ils ne les trouveront à aucun prix ; l'opération sera arrêtée, car on n'ira pas vendre les 3 pour 100 à 60, pour rembourser les 5 pour cent au cours de 100.

« Mais, nous dira-t-on, vous ne connaissez que le principe de cette conversion et non ses détails. Ils seront modifiés : la loi qui les fixera n'est pas encore proposée ni rendue : ne la devancez pas. »

Alors nous n'avons donc qu'un projet lancé dans le public pour tâter l'opinion. La mienne ne lui est pas favorable, et je retire mes capitaux des fonds publics ; à l'approche d'une crise, c'est le parti le plus prudent.

L'opération, si peu éclairée qu'on la présente, offre des *éventualités* que les calculs doivent aborder.

1°. Les Chambres peuvent ne pas l'approuver.

2°. Une partie de 28 millions de rente que procurera cette réduction sera appliquée à l'indemnité de MM. les émigrés. On assure qu'ils siégent dans la Chambre au nombre de 246. Est-il certain qu'ils se contenteront de cette indemnité qui paraît devoir être portée à 20 millions de rente ? Est-il également certain qu'ils accepteront une indemnité qui sera le produit d'une réduction générale et de la misère des petits rentiers ? Et, s'il est vrai que sur les 140 millions de rentes passibles de la réduction, 60 millions sont en partie au-dessous de 1000 fr., ne retrouveront-ils pas, dans ces petits rentiers, d'anciens serviteurs d'eux et de leurs familles, des économies desquels ils seront les spoliateurs ? Voilà bien dès *éventualités*, et il y en a bien d'autres encore.

Les émigrés, et en très-grand nombre, ce qui constituera bien une forte *éventualité*, ne se plaignent pas de la quotité de l'indemnité qu'on leur fait entrevoir depuis long-temps, mais de sa nature. Les plus éclairés ont la sagesse ou au moins la douloureuse prévoyance de craindre que l'épreuve, qu'on tente sur l'opinion publique, ne soit un moyen de les rendre odieux, et ne doive être considérée que comme une prolongation machiavélique d'un leurre dont on les berce depuis six ans pour s'assurer leur dévouement, perpétuer les divisions des partis, et arriver ainsi au pouvoir absolu ministériel, sans contrôle, et à la destruction des libertés publiques et de la Charte, quelque prononcée que soit la volonté de son auguste législateur de les maintenir et de défendre l'une et les autres.

J'aurais beaucoup de choses à dire sur ce chapitre ; je ne veux pas le traiter. Deux de mes petits gendres et la plus jeune de mes brus sont enfans d'émigrés. Il y en a beaucoup dans toutes les familles.

L'engagement que, d'après le commentaire du *Moniteur*, prend le ministère, de ne pas faire de nouvelles réductions, en nous assignant nos intérêts en 3 p. 100, à 75, plutôt qu'en 4 p. 100 à 100, ne me paraît pas une séduction bien puissante. En 1728, l'intérêt de nos contrats réduits du denier 25 au denier 40 devait nous être servi à *perpétuité*, et l'abbé Terray vint nous apprendre, après quarante-deux ans de cette perpétuité, la juste définition de ce mot dans les systèmes et dans les dictionnaires de la finance. La loi du 24 frimaire an 6 fit aussi sa réduction ; mais elle ne nous dit pas : Des 400,000 liv. de vos contrats sur l'Hôtel-de-Ville de 1728, il ne vous reste pas simplement 100,000 fr. de capital intégral, ou 33,333 fr. 33 c. de capital réduit, mais une bonne rente *consolidée*, *perpétuelle*, de 1,666 fr. 66 c. Pour parfaire votre capital de 100,000 fr., et pour occuper votre imagination, voilà 66,666 fr. 67 c. de promesses de *bons de deux tiers* mobilisés, espèce de papier-monnaie avec lequel vous pourrez agioter, acheter la moitié d'un moulin, le 40e d'un couvent de ville, ou des actions de la *caisse des rentiers*. Les législateurs du 24 frimaire savaient bien que l'abbé Terray avait tordu le cou aux *perpétuités*, portées au front des contrats sur l'Hôtel-de-Ville : il fallait du nouveau, du positif. Chaque créancier fut inscrit sur le grand livre de la dette publique pour un revenu fixe, insaisissable, franc de toute imposition, et dont la propriété était aussi facile à transférer que la perception prompte de l'intérêt, à tous les semestres.

Si de telles précautions ont été vaines, que dois-je penser de l'engagement de leurs excellences des finances et de leurs nouvelles précautions? La dette réelle approche déjà bien près de 4,000,000,000. Elle va être de 5,400,000,000 fr.; plus tard, nous en démontrerons les dangers. Les financiers du temps sauront bien trouver, lors d'une nouvelle réduction, des termes nouveaux mais décens, pour excuser ce qu'elle aurait d'odieux, et bien promettre qu'elle sera la dernière.

Les dépenses des gouvernemens sont excessives : les revenus et les impôts ne peuvent suffire à les acquitter. On emprunte; les intérêts se paient bien d'abord, puis mal, puis enfin pas du tout. Il faut faillir; mais quel mot à prononcer! Alors arriveront *les princes de la banque.* Soyez tranquille; il faut une réduction; nous l'apprêterons de telle façon qu'elle plaira à beaucoup de monde. Autant de partisans; il ne faut pas plus.

De Sully au *visa* et au *système*, il y a eu cent sept ans; de la fin du *système* à *l'abbé Terray*, quarante-deux ans; de l'*abbé Terray* à l'*assignat* et à la *loi du 24 frimaire*, son appendice, vingt-neuf ans; de la liquidation de la rente du 24 frimaire et du consulat à la réduction actuelle, vingt-trois ans. Quel intervalle nous sépare de la prochaine ? Dieu le sait !

Les Templiers étaient les banquiers de l'Europe, au treizième siècle; on avait grand besoin d'eux. Ils avaient inventé la lettre de change. Ils étaient les gardes du trésor royal; ils abusèrent de leur puissance. Les souverains de l'Europe se liguèrent pour les détruire. Ils peuvent bien plus humainement se passer des secours des *princes de la banque :* qu'ils diminuent leurs dépenses, ils feront une double économie. Ces Messieurs, à la vérité, gagneront moins.

Le grand Colbert et M. Necker n'aimaient pas, en finances, les mouvemens rapides et brusques. Colbert a bien fait quelques réductions, il fut assailli de pierres et de boue; et nous nous rappelons encore son enterrement : dans ses comptes, on n'aperçoit pas même les remboursemens qu'il a opérés : la diminution des charges est confondue dans l'accroissement des revenus, qui en étaient grevés. « Il » faut que tous les mouvemens de l'administration » (écrivait M. Necker, en 1784, *de l'Administration des finances*, T. II, chap. 9), soient doux et » faciles, afin qu'on n'aperçoive jamais la limite » de ses forces, et qu'elle soit ainsi continuelle- » ment fécondée par l'imagination, ce grand mo- » teur de l'opinion et de la confiance des hom- » mes. » Par le système de finances de ce temps, on empruntait dans les besoins et pendant la guerre; et à la paix, on remboursait les emprunts les plus onéreux. Il y avait annuellement 28,000,000 de remboursement d'une dette perpétuelle dont les intérêts s'élevaient à 125,000,000. Ces remboursemens et leurs époques avaient été stipulés dans les édits de création de chaque emprunt.

Pourquoi ne pas nous être tenus à ce système d'emprunts? Pourquoi avoir adopté le système anglais des dettes publiques, qu'on ne connaissait pas bien, qu'on ne sait pas même encore d'une manière complète, ou que du moins les faiseurs ont mal appris, et que les *princes de la Banque* veulent nous appliquer très-bien pour leurs intérêts, fort mal pour les nôtres, et peut-être à leur *dam?*

Si nous avions persisté à faire des emprunts à de plus forts intérêts, suivant le cours, mais pour recevoir un capital fixe, tout ce que nous avons vendu d'inscriptions de 5 fr., de 50 fr., jusqu'à 86, serait déjà entré en remboursement ou reconstitué à des intérêts moins élevés.

En adoptant le système anglais, pourquoi encore avoir vendu de l'inscription ou de l'intérêt, et n'avoir pas vendu, à son exemple, du capital? On aurait détruit l'illusion de la *perpétuité* de la rente. C'était une manière tout aussi régulière de tenir le grand-livre, de désigner à chaque partie un contrat ou une action dans l'emprunt de cent millions de 1815, que de porter au compte de chaque créancier, qu'il l'était d'une rente perpétuelle de......

Si l'on suivait avec exactitude les erremens de nos voisins, pourquoi, enfin, n'avoir pas mêlé, dans nos derniers emprunts, du 3 et du 4 p. 100? L'opération qu'on fait aujourd'hui aurait été préparée; le 4 p. 100 serait venu au pair, et on aurait pu offrir aux créanciers de l'État, faits depuis la restauration, leur remboursement ou la conversion de leurs titres en 4 pour 100.

On parle encore de privilégiés pour cette réduction. Je n'entrerai pas dans cette discussion. Je suis persuadé que les exceptions seront justes, nécessaires, qu'elles seront appliquées avec sagesse, avec équité, avec le discernement et la sagacité financière du chef de l'administration; qu'enfin, ça été trop pour nous d'un emprunt *à la Corvetto*, et que nous n'aurons pas encore une réduction *à la Corvetto*. Mais j'argumenterai de ces exceptions, pour dire que l'opération n'est pas bonne, dès qu'elle ne peut pas être générale et qu'elle nécessite des exceptions.

Il y aurait bien d'autres questions à agiter, pour consulter sur cette matière l'opinion publique. Nous aurons à demander ce que devient la caisse d'amortissement? Quelle sera son action, son influence sur le cours des effets publics?

Le retranchement d'un cinquième de leur revenu sera très-sensible à tous les rentiers de Paris, et on en compte, dit-on, 76,000 : déjà des réformes s'opèrent; l'argent se resserre de toutes parts.

Un de mes petits gendres, commerçant en toiles

peintes en gros, a éprouvé, dans sa vente du mois de février, une diminution de 63 pour 100. Tous ses chalands pour la vente en détail étaient occupés à des courses perpétuelles du *Tourniquet Saint-Jean* aux mairies, aux perceptions de la ville et de la banlieue. Le mois de mars ne se présente pas mieux; que sera le mois d'avril?

Pour moi, je m'exécute. J'ai renvoyé une servante de peine et j'ai fait vendre mon vieux cheval de cabriolet. Pour mes voyages de Paris, j'irai prendre les coucous à Sceaux ou à la rue d'Enfer. Je recevrai moins bien mes enfans, je ne les en aimerai pas moins, et je crois avoir servi leurs intérêts comme les miens en faisant vendre mes inscriptions, au cours de 104, en fin de mars.

LETTRE II.

Au même.

Lay, près Paris, 5 avril 1824.

Je vous remercie, monsieur le rédacteur, de l'insertion que vous avez faite de ma longue lettre, dans vos feuilles du 2 et du 3 de ce mois : vous l'avez jugée utile; c'est le seul éloge que j'en accepte.

Vous êtes dans l'erreur sur l'opinion que vous me supposez en matière d'emprunts et de finances. Je vous préviens tout de suite que je n'ai que des préférences pour tel mode d'emprunts plutôt que pour tel autre, et que je n'ai pas d'opinions. Presque octogénaire, il m'est bien commode d'en recevoir de toutes faites, de l'autorité surtout; c'est un gage de paix. Je dors peu; je ne vais plus dans le monde; je lis beaucoup, j'ai d'excellens yeux, une mémoire bien nette, et l'imagination encore vive; c'est la folle du logis, et elle dispute avec l'amour-propre, à qui déguerpira le dernier. Depuis quelques années, je m'amusais à réfuter les sophismes qui ont cours. J'y ai renoncé; il y en avait trop. Mes petits enfans en trouveront un recueil alphabétique assez complet. Quelques articles auront de l'intérêt dans vingt ans.

Je donne des faits, des résultats, les combinaisons mêmes de leurs conséquences ; mais des opinions, des systèmes et des théories ! Dieu m'en garde.

J'ai cru qu'il pouvait être utile de prouver, par l'exemple des miens, que l'on revenait toujours, grâces à nos guerres perpétuelles et à nos erreurs en finance, au point d'où l'on était parti. Quelques faits d'arithmétique politique le prouveront bien mieux encore.

Le revenu territorial et industriel de la France était évalué, en 1705, le marc d'argent à 31 liv. tournois, à 1,200,000,000 liv. tournois qui équivalent aujourd'hui à 2,180,000,000 fr. Lavoisier, Arthur Young, M. de Tolozan, et M. Ganilh, d'après eux, le portent en 1789, à 2,000,000,000 liv. tournois. En 1819, M. Chaptal, mais d'après les calculs de l'état de l'empire en 1811, paraît l'évaluer à 2,200,000,000 fr.

En 1705, ce revenu acquittait 261,000,000 liv. t. d'impôts, équivalant à 455,000,000 fr. d'aujourd'hui (le marc d'argent à 54 francs 73 c.), et répartissait 1, 545,000,000 liv. t. entre vingt millions d'individus.

En 1789, le revenu territorial et industriel était grevé de 681,000,000 l. d'impôts et de 75,000,000 l. de dîmes, et ne répartissait que 1,244,000,000 livres entre vingt-cinq millions d'individus.

En 1819, les charges nationales, départementales et municipales enlèvent 1, 100, 000, 000 fr. du revenu territorial et industriel, et en laissent juste autant à répartir, entre 32, 000, 000 d'individus, dont à la vérité 1, 500, 000 sont stipendiés par les autres pour les défendre par mer et par terre, les instruire et les consoler, leur soigner l'âme et le corps, les gouverner surtout, même dans l'usage de l'eau et des bains de rivière, d'une matière bien centralisée, sage, douce, pleine de bonnes paroles, et leur former le cœur et l'esprit soit par les *bonnes*, soit par les *belles-lettres*.

En 1705, on était plus riche qu'en 1789; et en 1789, plus qu'en 1819.

De 1705 à 1789, on avait eu dix années de la guerre de la Succession, *le visa*, *le système*, un grand bouleversement des propriétés et une perte sèche d'un bon milliard, à 36 fr. le marc d'argent fin; puis la guerre de la succession de Parme, et celle de la succession d'Autriche plus coûteuse et où commencent les dilapidations des ressources nationales; la désastreuse guerre de 7 ans, et Mme de Pompadour; la paix si honteuse de Fontainebleau; le renvoi des Jésuites; l'abbé Terray et sa banqueroute de 1770, de 475,031,533 liv., dont un tiers en viager, laquelle était peu de chose en elle-même, et n'eut de valeur que par ses accessoires, la disgrâce de M. de Choiseul, et celle des parlemens; la belle mademoiselle Lange et le pavillon de Lucienne; le Maupeou et son parlement, si baffoué et si ridicule; enfin, sous le règne du vertueux

Louis XVI, la guerre de l'indépendance des Etats-Unis. Mais on eut, à côté et au travers de tout cela, 5,386,000,000 l. de sommes versées par la balance du commerce: on était encore riche.

De 1789 à 1819, j'ai vu douze révolutions ou *journées*, l'assignat, les mandats, les réquisitions, le maximum, le directoire, la perte de nos colonies; 20 milliards de la fortune nationale anéantis; deux guerres de dix ans chaque et jusqu'à quatorze armées; la chute de cinq à six gouvernemens, l'expédition de Russie et deux invasions des étrangers qui nous ont coûté quatre milliards, etc., et peu ou presque point de balance du commerce. Une génération a vécu misérable; une autre a passé en reformant le capital du pays presque totalement dissipé; une troisième se relève. Honneur au caractère national qui a défendu long-temps l'indépendance de la patrie et a su se soumettre avec courage à la nécessité, et qui, depuis la paix, a déployé une grande activité a réparer nos pertes. Honneur à l'agriculture perfectionnée, malgré les impôts qui la grèvent, et qui a fait croître, à côté du berceau de l'enfant d'hier, la gerbe qui le nourrira demain. Honneur surtout à l'industrie qui de peu a fait beaucoup, et qui, en multipliant ses prodiges, les arts du goût, de la richesse et du luxe, échange des produits d'une main-d'œuvre savante, recherchée, économique, contre des matières brutes et des denrées de première nécessité, et sait ainsi décupler par le travail qu'elle honore, les 36 fr. 36 c de la part de chaque individu. Mais malheur et honte à la sottise, à l'ignorance, à la cupidité, qui, par esprit de servilité, pour des intérêts privés, de vaines théories, un fol orgueil, la poursuite chimérique d'un pouvoir qui n'est plus qu'idéal, dès qu'il veut être absolu, éloigneraient cette belle industrie des marchés du monde, et enlèveraient à la France le commerce extérieur, étendu, qui peut seul réparer ses pertes.

Nous voilà donc revenus, non au point d'où nous étions partis : nous avons même rétrogradé bien au-delà ; car en 1789, la part de chaque individu était de 50 fr., et, en 1705, de 77 fr. 25 c.

On voit donc qu'avec des impôts plus faibles, ou un commerce extérieur plus fort, nous nous rapprocherions de 1789, et pourrions revenir au point de richesse de 1705.

Je vous ai dit, Monsieur, qu'en matière d'emprunts, j'avais des préférences. Comme le grand Colbert et M. Necker, je n'aime pas, en finances, les mouvemens brusques et rapides. J'ai, à cet égard, des convictions. Mon grand-père, du temps *du système*, était membre du grand bureau des pauvres; je trouve dans notre chartrier, à côté de sa belle collection des édits bursaux de la fin du règne de Louis XIV et de la régence, les mouvemens de la population de cette époque. Les voici, ils sont bien tranchés.

DÉCÈS.		ENFANS TROUVÉS.	
1718	12,950	1721	1440
1719	24,150	1722	1730
1720	20,400	1723	1860
1721	15,800	1724	2100
		1725	2260
		1726	2470

La cupidité appelait ses fidèles, de tous les coins de la France, à la rue Quincampoix; les mariages, en 1719 et 1720, ont donc augmenté d'un dixième, sans doute parmi les heureux *du système,* mais non les naissances.

On voit que le chagrin et la misère ont tué beaucoup de monde, dès 1719, et moins en 1720; 1719 avait vu le plus violent paroxysme de la fièvre de l'agiotage. La mortalité, en 1721, est encore de près d'un cinquième plus forte qu'en 1718, celle de 1719 n'approche pas de celle de 1709, qui fut de 29,000. On pourrait donc regarder le *système* et nos autres erreurs en finances, comme de vraies famines: le *système,* 1/2 famine; l'abbé Terray, 2/5 famine; loi du 24 frimaire et assignats, famine 1/2, etc.

Le nombre des malheureux, que la pauvreté a légués à la compassion publique, augmente aussi de deux neuvièmes en 1722, et en 1726 il est presque le double de ce qu'il était en 1721.

Vous voyez, M. le rédacteur, que les *systèmes* et les erreurs en finance sont quelque chose:

Né en 1720, mon père, ennemi des Jésuites,

ami des Choiseuls, bon parlementaire, passablement philosophe, et partisan fou des économistes et de la physiocratie, éprouva, dans ses affections comme dans ses haines, de fortes contrariétés. La banqueroute de l'abbé Terray lui porta le dernier coup, celui de la mort. J'eus donc toute l'opération à suivre et nos intérêts de famille à démêler. Je réunis, comme mon grand-père, du *système*, les mouvemens de la population de Paris; les voici :

DÉCÈS.		ENFANS TROUVÉS.	
1770	18,600	1769	6,000
1771	20,700	1770	6,400
1772	20,400	1771	6,900
1773	18,700	1772	7,200
		1773	7,600
		1774	6,000

La mortalité fut sans doute moins considérable que lors du système : on s'était aguerri. La banqueroute de l'abbé Terray ne fut que de 500 millions; c'était peu de chose : il n'y eut pas de grands déplacemens de la propriété; le retranchement seul fut brutal, et les petits rentiers furent brutaux à leur tour : ils brûlaient l'effigie de l'abbé Terray, au Pont-au-Change; je leur ai vu, le 27 août 1788, brûler celle du cardinal de Loménie, sur le Pont-Neuf : c'était des roses auprès du temps du *système*. Law aurait été pendu par le parlement, ou déchiré par le peuple, si le régent ne lui eût pas prêté, pour s'enfuir, une chaise de poste à ses armes. Ces restes de la barbarie de nos pères ont disparu. Ils s'étaient conservés, dans le bas-peuple, à l'abri peut-être de la sévérité dont la cour usait quelquefois, vis-à-vis des ministres des finances : jusqu'au malheureux Fouquet, plus d'un tiers avait péri de mort violente, douze sur trente-trois.

Si nous eûmes le *système*, l'Angleterre, au même moment, était engouée des *folies de la compagnie de la mer du Sud*. Elles eurent un résultat différent, mais le chancelier de l'échiquier et cinq directeurs de cette compagnie furent emprisonnés, et leurs biens saisis et vendus; il y eut autant de malheurs privés, et sans doute le même accroissement des décès, dans la ville de Londres.

Je reviens peut-être beaucoup trop sur les mêmes idées, sur les mêmes craintes. On ne fait pas deux fois, en un siècle, les mêmes fautes, soit : mais dans deux? je ne sais plus qu'en dire. S'il arrivait que la compagnie des banquiers, chargée de l'opération actuelle, eût pris des engagemens qu'elle ne serait pas assez forte pour exécuter, ou les eût limités avec beaucoup de prudence, on émettrait des bons royaux peut-être dans des quantités indéterminées. Leur nombre ne se nuirait-il pas? Ne rembourserait-on pas des rentes à 5 p. 100 avec des bons royaux, à 6, à 7 et au-delà? Certainement, on portera plus volontiers des fonds à l'escompte des bons royaux à échéances et capital fixes, qu'à l'achat des 3 p. 100 : ce sera même un moyen de faire baisser celui-ci, et de rentrer dans les fonds publics avec un intérêt de 4 1/2 ou de 5.

Du reste, je m'en repose beaucoup sur la sagesse de l'administration sous laquelle nous vivons, et qui, au surplus, croit avoir, pour elle, l'exemple de l'Angleterre, et user des mêmes moyens que les chanceliers de l'échiquier en semblables cas. Cependant, il y a de grandes différences, dont sans doute sa prévoyance accoutumée saura tenir compte. En Angleterre, toutes les fortunes sont concentrées dans un petit nombre de mains. Il se fait de grandes accumulations. Toutes les affaires se traitent à Londres, tous les revenus s'y perçoivent, et les dépenses s'y paient par les mains d'une trentaine de banquiers; le numéraire circulant y est dès-lors moins considérable : un milliard, dont moitié en espèces d'or au plus, et l'autre en billets de la banque de Londres. Il nous en faut deux, au contraire; et nous ne les avons pas.

C'est bien assez abuser de votre patience, M. le rédacteur, et de celle de vos lecteurs, si vous croyez devoir leur communiquer ces rêveries d'un vieillard qui a beaucoup vu, beaucoup lu et assez réfléchi.

LETTRE III.

Au même.

Lay, près Paris, le 10 avril 1824.

Ma dernière lettre, Monsieur, n'est point entrée dans le fond de la question : il n'était point encore temps. Dans ces jours d'illusion générale, au milieu d'amours-propres très-susceptibles, des intérêts des côteries, des exagérations des partis, et avec notre profond respect pour la puissance de l'argent, et notre amour pour lui, la vérité ne peut plaire toute nue, il faut la couvrir de plus d'un voile, et ne les lever que successivement.

Il fallait aussi m'occuper de quelques arrangemens de famille, liquider la vente de mes inscriptions, en faire remploi; je l'ai fait en bons royaux à 5 p. 100; ils valent mieux que des reports à 15 ou à 18 p. 100 par an. Vous voyez, Monsieur, que l'intérêt n'est pas aussi abaissé qu'on veut bien nous l'assurer. Vous voyez également que je n'ai pas perdu ma confiance dans le crédit de nos finances; j'en ai même pris une plus grande, ainsi que dans les opérations de M. le président du conseil des ministres, surtout en le voyant tonner, de toutes les foudres de l'éloquence, contre la fièvre de l'agiotage à la hausse et la manie des emprunts. Non-seulement je lui ai su gré de cette philippique généreuse qui prononce fortement la moralité de son administration. Pourrait-elle exister autrement? Mais j'en ai conclu qu'il était sûr de son affaire, puisqu'il traitait aussi mal ceux qui pouvaient la faire réussir. Il me semblait, Monsieur, avant que son Exc. nous communiquât toutes ses pensées, qu'il fallait des joueurs ou des fiévreux à la hausse, dans le système français des dettes anglaises. Si M. le ministre renonce à de tels moyens, nous n'aurons donc pas ces mouvemens extraordinaires, que j'ai signalés comme des calamités publiques ; et c'est un grand bien.

Vous me supposez des préférences pour les emprunts à remboursemens successifs : à cet égard, entendons-nous bien. Je vais donc vous dévoiler toute ma pensée.

De tous les modes d'emprunts, celui que je préfère est le mode des Américains. Emprunt d'un capital fixe, au cours de l'intérêt ordinaire des prêts, au moment de l'emprunt, à 8 ou à 7, 6, 5, 4 p. 100, avec indication de l'époque jusqu'à laquelle on renonce à rembourser, et un fonds d'amortissement modéré, afin de donner au créancier pressé de besoins, la faculté de rentrer habituellement dans son capital. Cela est clair.

Je n'aime point, je le confesse, le système des dettes anglaises, tel qu'il a été modifié dans ces derniers temps, notamment depuis 1813.

Depuis la révolution, en 1682, on a usé, en Angleterre, de tous les modes d'emprunts : ils nous ont imités dans nos erreurs et dans nos folies. Jusques au ministère de M. Pitt, les emprunts ont été plus ou moins onéreux, plus ou moins sages.

La guerre de la révolution était une guerre de parti ; en 1795, elle n'était pas heureuse : on s'en dégoûtait. Il fallait lui recruter des partisans et les chercher surtout dans les gens à argent (*moneyed men*). Ce ne devait être que par des emprunts qui leur fussent agréables : on vendit donc plus que jamais, sur la place ou à des banquiers favorisés, des annuités. On créa 205 et 208 liv. sterl. de capital nominal pour 100 liv. sterl. effectivement prêtées, et on en paya 6 1/4 et jusqu'à 7 3/4 d'intérêts. On fit alors ce que nous avons fait depuis, en 1817 et en 1818: comme ce capital nominal était en 3 p. 100, on en paie encore 6 p. 100 d'intérêts; et on a, en 1824, pour les 100 livres sterl. prêtées en 1797, une valeur de 191 liv. sterl. bien effective et très-aisée à réaliser. Ce système, favorable aux prêteurs, mais onéreux aux contribuables, ne se serait pas soutenu long-temps, si, 1° depuis 1810, il n'avait été un moyen de se mettre à l'abri des pertes que devait faire éprouver le passage des billets de banque dépréciés à l'or et à l'argent ; et si, 2° la nécessité de fournir des moyens de constituer des dotations à de longs termes, ne faisait pas un devoir de créer des dettes à un intérêt faible, et qui soit à peu près invariable.

Vous voyez cependant que le système de vendre

des annuités est coûteux à l'Angleterre; que le jeu de l'agiotage, s'il enrichit quelques particuliers, est en général ruineux pour un État. Mais comme les cartes s'y paient fort cher, il n'est pas douteux qu'il aura beaucoup de partisans parmi ceux qui les tiennent comme parmi ceux qui y gagnent. Les malheureux ne se plaignent jamais : ils ont été des dupes, ils attendent à en faire à leur tour. Il y a une grande activité, une circulation constante que l'on nous donne pour de la richesse; les salons sont pleins d'or, les antichambres, de cheveux arrachés, de lambeaux de vêtemens déchirés, et sur l'escalier, le suicide.

Des emprunts anglais, je n'aimerais que les emprunts de guerre, suivant le système de lord Henri Petty, aujourd'hui marquis de Lansdown : chancelier de l'échiquier, dans le dernier ministère de Fox, il destinait à ses emprunts de guerre une somme annuelle de 10 p. 100, pour acquitter leurs intérêts et les frais de banque, et servir à l'amortissement. Son emprunt de 12 millions liv. sterl., en 1807, créa, il est vrai, une dette numérique, en 3 p. 100 et en 5 p. 100 de 18,000,000 liv. sterl.; il fallait se prêter au goût d'agiotage de la galerie. Il paya 4 3/4 p. 100 d'intérêts et de frais sur les 12 millions effectivement versés à la banque d'Angleterre. Les 5 1/4 restant furent destinés à racheter successivement des parties de cette dette; et, en 1822, l'emprunt était remboursé; mais il fut le seul, fait suivant ce mode.

Lord Henri Petty trouvait qu'en 15 ou 18 ans il y avait trop peu de variations dans le prix des espèces, et dans celui de toutes choses, pour que le prêteur ne fût pas remboursé intégralement, en espèces, au même titre et du même poids que les sommes qu'il avait confiées à l'État. Le capital national n'était pas dégradé ; le revenu général n'était pas appauvri. Les 710,000,000 l. de notre dette, sous Louis XIV, équivalaient bien, en 1715, à 19,750, 000 marcs d'argent fin (à 36 liv. tournois.) En 1815, il n'en restait plus que 13,000,000 marcs (à 56 f. 96 c.) Le capital national aurait donc en effet été diminué de 6, 750,000 marcs.

Appliquons ces principes ou ces modes d'emprunts à nos finances, et poursuivons.

Nous nous croyions bien mal, en 1815 et 1816. Beaucoup de fort honnêtes gens désespéraient du salut de la patrie : on ne peut les en blâmer.

En 1817, des *maisons de banque justement renommées dans le monde commercial, pour l'étendue de leurs relations et la prudence de leur conduite en affaires*, voulurent bien nous apprendre que la France avait un crédit, et nous engagèrent doucement à y avoir recours, par leur entremise. L'honnête étranger qui était à la tête de nos finances, les remercia beaucoup, fut émerveillé que la France pût avoir un crédit, se persuada même qu'il fallait y avoir recours. Il engagea ces maisons de banque à donner une nouvelle preuve de la *prudence de leur conduite en affaires*, en s'entremettant de vendre de notre rente, sur la place de Paris et sur les autres, à un cours commun de 56 fr. 50 c., grâces à nos maisons de banque qui eurent la prudence d'y entrer et le désintéressement d'en élever le taux. Son Excellence ouvrit à ces maisons un crédit de 26,711,598 f. de rentes à 5 p. 100, pour lesquelles elles versèrent successivement, et souvent avec parcimonie, dans nos caisses, ou dans celles de nos amis les ennemis, 301,844,200 fr. C'était le temps de l'occupation.

L'année suivante, le ministre des finances ne s'adressa plus exclusivement à ces mêmes maisons, si célèbres et si prudentes, il admit à la concurrence, pour l'emprunt *à la Corvetto,* tous ses amis, tout le monde. On plaça, en 1818, au cours de 68 f. 40 c., 34,000,000 de rentes à 5. p. 100, qui donnèrent 463,000,000. Ainsi nous reçûmes en deux ans, pour 60,711,598 fr. de rentes inscrites à 5 p. 100, environ 750,000,000 fr., sauf les frais, sauf les sophismes et la menue monnaie des hableries financières, sauf l'échauffourée de la bourse de l'automne de 1818, qui ruina tant de familles, sauf...., sauf, etc..... Je passe sous un silence approbateur, l'emprunt de 12,514, 220 fr. de rentes de 1821, au cours de 85 fr. 55 c. payable en 15 mois.

Je ne parle pas des rentes qui furent constituées pour payer les arriérés des services de 1801 à 1810, etc., ni de celles que l'on porta du bureau du grand livre dans la caisse générale du trésor, pour servir de gage aux annuités à 4 p. 100, données en paiement des reconnaissances de liquidation, mesure, par parenthèse, assez singulière de régularisation; ni, enfin, de l'emprunt de 1823.

Toutes les rentes données pour éteindre des arriérés de divers services étaient délivrées contre des valeurs réelles déjà et bien effectivement créées. Mais le prix des 60,000,000 de rentes de 1817 et de 1818, ces 750,000,000 fr. qui en valent, au cours de 102, 1,224,000,000, de quoi se compose la valeur actuelle qui leur est donnée? qui a fourni les 459,000,000 de plus que ces rentes représentent aujourd'hui? Je suppose que les 500,000,000 f. versés par les rachats de la caisse d'amortissement, depuis 1817, ont servi à maintenir ou à élever le cours des dettes antérieures à valeurs réelles.

Ces 459,000,000 sont-ils idéals, purement numériques et conventionnels? ou bien sont-ils réels, et ont-ils été fournis par des accumulations successives du revenu territorial et industriel, par les capitaux circulans de l'agriculture, des manufactures et des commerces intérieur et extérieur, ou enfin par les étrangers?

Mais, d'abord, il faut le reconnaître, ces 459 millions ne sont point entièrement idéals ou conventionnels : si quelques-unes des rentes, dont ils élèvent la valeur, au cours de ce jour, ont été casées ou classées et sont dans les mêmes portefeuilles, comme il y a eu trois baisses de 10 et de 15 p. 100, avant que le 5 p. 100 soit venu au pair, il a fallu beaucoup de pertes, beaucoup de larmes, quelques familles ruinées, beaucoup de variations et beaucoup d'argent, pour y parvenir; il est à croire que la totalité de ces 459,000,000 est arrivée successivement sur la place, de tous les coins, de toutes les caisses, de toutes les réserves, de tous les pécules de la France.

Si ces fonds sont réels, examinons qui a pu les fournir. Ont-ils été pris sur les accumulations du revenu territorial et industriel ? elles sont bien faibles ; et nous sommes déjà 33,000,000 d'individus qui devons vivre sur ce revenu, à raison de 36 fr. 36 c. par tête.

L'agriculture en a-t-elle fourni une partie? si celle-ci n'a pas manqué des capitaux nécessaires à la culture, si elle n'a pas emprunté ceux dont elle a eu besoin, au-delà du médiocre et raisonnable escompte de 10 et de 12 p. 100, tous les fonds cependant destinés à des spéculations journalières sur les denrées, et qui en soutiennent les prix, n'ont-ils pas été appelés à Paris par le haut intérêt des reports? N'y a-t-on pas porté également ceux qui auraient été employés à des améliorations, à des pratiques d'assolemens avantageux, à la multiplication des bestiaux et des engrais? A quoi bon en effet améliorer et rendre la culture plus productive, lorsque les denrées se vendent mal, lorsque le prix du blé n'est pas en proportion avec les impôts? Quelle part aura fournie le capital circulant de l'agriculture? 3,000,000,000 fr. en semences, bestiaux, engrais, instrumens aratoires ou autres, édifices, mobiliers, avances des cultivateurs, vignerons et propriétaires de vignobles, sont une somme bien modique pour la grandeur et l'étendue des besoins.

Une grande partie du capital circulant de l'industrie, que les statistiques les plus sages et les mieux raisonnées élèvent à 1,200,000,000 fr., a-t-elle été portée à la rente? On devrait le croire, à la recherche que l'on fait, depuis quelques jours, des actions et des intérêts dans les entreprises industrielles, et à la joie un peu niaise de quelques projeteurs de travaux, de constructions, d'établissemens nouveaux. *L'intérêt va baisser*, disent-ils, en se frottant les mains, et ils oublient que la réduction proposée doit être le résultat de l'abondance des capitaux, et non en devenir la cause.

Homme des champs, les données me manquent à cet égard : je ne vois que honte et démoralisation dans ces sortes de placemens, s'ils ne sont pas purement temporaires. Rappelons-nous bien que notre industrie manque plutôt de confiance dans la stabilité des choses, que de fonds.

Quelle part la rente a-t-elle des 500,000,000 fr. du capital circulant du commerce de détail de la France et de celui de Paris en particulier? Je ne prononcerai rien; mais je renverrai, pour le commerce de Paris, aux comptes rendus chaque semestre par la Banque, des bénéfices de ses escomptes, et pour le commerce de la France, à la somme portée, dans les comptes de la régie de l'enregistrement, des produits du droit du timbre sur les effets de commerce. Prenez ces comptes à diverses époques, et comparez-les; vous les verrez successivement diminuer, à Paris, d'un grand tiers en 1819, et dans les années suivantes,

1816	1,097,769
1817	1,139,674
1818	1,243,046
1819	910,344
1820	907,698
1821	901,730
1822	893,327

C'est ainsi que vous pourrez vous former une idée exacte du commerce intérieur de la France, et des fonds dont il a pu être privé, par les spéculateurs dans les fonds publics.

Notre commerce extérieur et maritime a resserré ses opérations, au moment de la croisade de la sainte-alliance contre l'Espagne. Certainement, à défaut d'autre emploi, quelques parties de son capital circulant, qui ne s'élève pas, au total, à plus de 250,000,000 fr., sont entrés dans la rente; mais en quelle quantité? je n'oserais le dire : habitué aux états d'importation et d'exportation de 1788, 89 et 90, de 1161 millions réunis, et à nos anciennes balances de commerce qui, de la paix d'Utrecht à la révolution, avaient versé, en 75 ans, 5,382,000 l. t., je suis hors de mon élément, et, à mon âge, je ne puis plus que gémir ; on espère bien peu.

Je crois bien qu'une grande partie des fonds arrivés à la rente, de tous nos départemens, a été matériellement fournie par la sortie des pécules des gens de la campagne, attirés à l'achat des terres, lorsque les biens d'émigrés ont été morcelés; et que la convenance et le bas prix les ont fait porter sur cette classe de propriétés.... Ce dépécement ne s'est effectué que depuis 1815 et en raison des craintes données de la dépossession des acquéreurs.

Restent donc les fonds étrangers; mais s'ils sont venus, ils peuvent s'en retourner. L'élévation de l'intérêt des capitaux placés dans la rente a pu les attirer, son décroît successif, son nivellement avec tous les autres intérêts des dettes publiques, les en retireront. Quand on pense que les *métalliques* autrichiens, après les banqueroutes les plus honteuses et des emprunts continuels, qui ne sont que des reconstitutions d'intérêts, se cottent à 98; que les rentes de Naples, de la même catégorie, sont à 106 à Naples, et à 100 fr. 50 sur certificats français, on ne peut qu'être de l'avis de Monseigneur le ministre des finances et s'écrier comme lui: *O fièvre de la hausse! ô manie des prêts!* ne devons-nous pas prévoir avec amertume le retour des temps du *système* et des *folies de la mer du Sud?*

O mon grand-père, qui avez vu ces jours d'infatuation, de boursouflures, de jongleries, de cupidité et de misère, que n'êtes-vous parmi nous? Pourquoi vos leçons nous sont-elles refusées, aujourd'hui qu'elles nous sont plus nécessaires? Mais j'ai là, et je montre à tous les miens votre belle collection d'édits bursaux et ma botte d'assignats et de mandats démonétisés. Puissent-elles parler à votre place !

Notre système d'emprunter, de vendre des intérêts ou annuités, et non d'emprunter un capital, est la cause de tous les embarras que doit donner l'opération actuelle, et il sera celle des dangers dont elle nous menace : les embarras qu'il donne.... j'en parlerai dans ma première lettre ; les dangers dont nous menace ce système..... en voici quelques-uns.

Le 3 p. 100, fût-il en France à 102, ne serait jamais qu'un capital fictif; au premier coup de canon il tomberait à 50 : et nous nous donnons beaucoup de peine pour appeler, de toutes parts, à la rente; pour former, avec beaucoup d'argent enlevé à des emplois utiles, nécessaires, cette valeur conventionnelle; en un mot, pour créer, avec de grands capitaux réels, un capital fictif; et loin d'être contens de la masse de capitaux fictifs qu'ont créés, chez nous, la révolution, nos guerres et les deux invasions, nous l'augmentons d'un tiers en proposant de transformer le 5 p. 100, non en 4, mais en 3 p. 100.

Si, à l'imitation des Américains, nous avions emprunté, en 1817, 300,000,000 fr. à 9 p. 100 ou à 10, et 460,000,000 fr. à 8 p. 100, en 1818, en déclarant que nous nous obligions à ne pas les rembourser, avant 8 ans, avec notre système d'amortissement constitué tel qu'il est, nos 5 p. 100

auraient été l'objet des spéculations : ils auraient été au pair, en juillet 1822. On aurait pu créer du 3 et du 4 p. 100 pour rembourser, dans une proportion combinée, nos 10 et nos 8 p. 100, avant même que l'époque de leur remboursement facultatif fût arrivée. Les 3 et les 4 p. 100, versés sur la place, y seraient entrés dans toutes les spéculations, comme les 5 p. 100 y étaient déjà. On aurait payé, il y a deux ans, nos premières reconnaissances de liquidation moitié en argent et moitié en 4 p. 100.... Les secondes l'auraient été en argent et en 3 et demi ; et aujourd'hui toutes les réductions d'intérêts seraient faciles, graduelles, sans secousses.

Il reste à examiner si l'intérêt des fonds publics est à 4 p. 100 ; s'il est des motifs légitimes pour faire la réduction qu'on propose ; si on peut l'appuyer sur des exemples, et comment ; quelle disparité existe entre les fonds anglais et les nôtres, etc., etc., et surtout quelle est la masse de notre dette et comment elle est répartie : il faudra beaucoup de chiffres, d'indulgence et d'attention.

LETTRE IV.

Lay, près Paris, 13 avril 1824.

*A M. Ott****, à Bruxelles*

Vous me trouvez, quelquefois, mon honorable ami, un peu d'acrimonie dans le style; et vous avez l'honnêteté de ne pas me le faire apercevoir. Je dois, tout en reconnaissant cette délicate attention et pour me placer bien vite à l'abri de vos reproches, et en avant de mes excuses, vous rappeler que vous ne m'avez jamais vu de haine pour les personnes. Les choses, les grandes sottises, les erreurs générales et funestes mettent ma bile en mouvement; mais cette fermentation est toujours légère; elle est modérée par l'expérience, et j'en ai beaucoup.

Je lui dois de savoir, qu'entre les grandes fautes en finances et la réprobation générale, il n'est souvent qu'un ou deux hommes qui ne sont pas ceux sur lesquels s'attache la haine; ils y échappent pour un temps, couverts de leur obscurité.

Je sais qu'il *n'y à rien de plus embarrassé que celui qui tient la queue de la poêle;* c'est un *dictum* très-vulgaire, contre lequel réclament vainement, depuis des siècles, les poissons qu'on fait frire; mais le *dictum* n'en est pas moins vrai. Je sais qu'il est des positions données, où l'on est maîtrisé par la nécessité; je sais que les intentions les plus pures ne sont pas toujours le plus facilement exécutables; je sais qu'on peut être égaré, par les sous-ordres, dans le choix des moyens; je sais, etc.

Placés, en 1817, par la faiblesse ou l'insouciance, sous le joug d'un système exagéré des emprunts anglais et des banquiers étrangers qui venaient l'exploiter chez nous, je n'aime ni l'agiotage auquel ce système a donné naissance, ni les *princes de la banque*.

Dans le treizième et le quatorzième siècles, des compagnies de Juifs parcouraient l'Europe, offrant à ses souverains de battre leur monnaie. La masse de métaux, dont ils paraissaient possesseurs, devait tout applanir. Ils traitaient de maison à maison souveraine; les lingots du pays arrivaient à la refonte, c'était une chose toute naturelle, c'était un effet nécessaire de l'annonce d'une semblable opération. Les Juifs ou Lombards se mettaient à l'œuvre; leurs compères criaient au miracle. Les bons bourgeois, nos grands-pères étaient dupes et disaient *amen;* et les compagnies de Juifs opéraient avec facilité. Ils laissaient beaucoup de monnaie altérée, de la honte et peu de profit pour les princes et seigneurs, encore moins pour l'État. Pour eux, ils emportaient tout le gain, en bel or à 24 karats. Nous avons eu, avec les deux Médicis, les *partisans* et les *traitans* italiens. Nous ne nous en trouvions pas mieux. Nous ne sommes plus aujourd'hui dans ces temps d'ignorance, de misère et de dégradation; nous savons beaucoup, et nous ne prenons pas aisément le change sur les illusions qu'on veut nous donner; quelques-uns les partagent cependant, surtout à la Bourse.

On sent bien que par la nature des opérations que nécessite le système actuel des dettes européennes (d'environ 46 milliards en 1822), elles semblent exiger le concours des principaux banquiers de l'Europe. Parmi MM. les banquiers, il en est de très-distingués par leurs richesses, le mode par lequel elles ont été acquises, l'utilité dont ils les rendent à la circulation et au commerce; leur esprit patriotique, et leur désintéressement. Ils entreront dans les projets de négociation des fonds publics, non par cupidité ou par jalousie, mais par nécessité, pour le soin de la conservation de leur crédit qui exige quelquefois qu'on prenne intérêt dans les affaires scabreuses, quoiqu'avec répugnance, mais pour les connaître surtout, parce que des opérations de ce genre, pour être moins dangereuses, doivent être faites avec le concours des banquiers nationaux. Il est loin de moi de tenter d'affaiblir la confiance qui leur est due; mais la sottise, pour être dorée, n'en est pas moins de la sottise, elle est quelque chose de mieux ou de pis; elle est du ridicule.

La France paie, chaque année, 197,014,892. fr. de rentes qui représentent aujourd'hui un capital de plus de 3,940,297,840 fr. 1°. Comment cette dette s'est-elle formée ? 2°. Comment est-elle distribuée ?

Dettes antérieures au 1er janvier 1801.

Tiers consolidé de la liquidation du 24 frimaire an 6 (14 déc. 1797). 37,906,000 fr. *Bons de deux tiers*. 5,000,000	42,906,000 fr.

Dettes antérieures au 1er avril 1814.

Dettes des départemens réunis, compensées avec leurs créances. — Arriérés de l'an 5 à 1810. — Domaine extraordinaire (d'après les diverses lois de leur création).	20,748,502

Dettes antérieures au 1er janvier 1824.

Produit de la vente des biens des communes. — Arriérés des services pendant l'empire. — Créances des étrangers. — Reconnaissances de liquidation (d'après les lois de finances et autres).	45,558,768
Dettes du gouvernement royal. , . . .	90,421,691
	199,634,961 fr.

Nous n'avons calculé la dette que d'après les crédits ouverts. Fort heureusement, nous nous sommes trompés. Ils ont été si sagement économisés, qu'avec la dotation de la chambre des pairs, que je n'ai pas retrouvée dans mes notes des lois de création des inscriptions, l'état suivant allége notre fardeau de 2 millions et demi, ce qui est aujourd'hui un bénéfice de 52,000,000 de capital.

ÉTAT DE SITUATION DE LA DETTE, AU MOMENT ACTUEL.

Inscriptions immobilisées.

Caisse d'amortissement au 1er avril. . . .		32,903,489 fr.
Conseil du sceau des titres.		100,000
Invalides de la marine.		3,068,480
Majorats.	1,110,560 fr.	1,509,422
Dotations..	398,862	

Inscriptions mobilières.

Au Trésor royal.	17,176,843
Fonds de retraite.	1,710,142
Cautionnemens.	1,156,064

Receveurs généraux de départemens.

Communes et établissemens publics. . . .	5,495,723
A l'acquit de la contribution foncière, et *Petits grand livres*	5,175,140
Caisse des dépôts et consignations.	1,245,734
Légion d'Honneur.	6,723,408
Chambre des pairs.	1,358,642
Banque de France, son compte, et celui des escomptes.	2,462,761
Caisse des invalides.	894,222
Caisses d'Épargnes et Tontines des boulangers – d'assurances	2,346,590
Salines de l'Est.	100,000
Divers dépôts des commissions de liquidation françaises et étrangères.	1,635,249
Ditto, pour garantie de certificats visés. . .	344,410
Ditto, des compagnies hollandaises.	642,553
Établissemens religieux.	2,217,912
	88,266,784 fr.
En circulation dans la main des propriétaires.	108,748,108
Total.	197,014,892 fr.

De cette somme de 197 millions, 54 sont immobilisés, et forment la dotation d'établissemens publics; 17 millions sont des inscriptions de pur ordre, qui doivent sortir du Trésor, à mesure des paiemens de l'emprunt de 1823; 4,212,000 se forment des dépôts, qui resteront toujours dans la même nature, au Trésor; il en paiera un intérêt moins élevé. Environ 12 millions sont des dépôts temporaires, dans des caisses particulières, lesquels, en sortant de leur nature de dépôt, seront passibles de la réduction proposée. Il n'y a donc à opérer, dans le moment, que sur environ 109 millions, et dans le cours de l'année, sur 128,000,000.

Ainsi, la réduction de l'intérêt de 5 p. 100 à 4 pour 100 donnerait au Trésor une économie de 21,800,000 fr., et plus tard de 25,600,000 fr.

Sans doute, 25,600,000 de moins à imposer sur les contribuables sont un grand avantage pour eux, surtout si une semblable diminution mettait en mesure de réduire à moitié, ou au moins à deux tiers, les droits sur le sel, ou d'abandonner le monopole du tabac; deux opérations qui tourneraient en entier au profit de l'agriculture.

Quels motifs peut-on présenter à l'appui de la mesure de réduction? Serait-ce la difficulté de la perception des impôts? Ils donnent, depuis quelques années, des excédans considérables. Ce motif, que faisaient valoir l'abbé Terray, en 1770, et le Directoire, en 1797, n'est donc plus à présenter.

Serait-ce le décroissement de l'intérêt? Ne jugeons

pas le taux qu'il a, par le prix de l'escompte, au moment actuel. Nous sommes dans un commencement de crises ; on fait beaucoup de sacrifices, pour les reports qui sont à 1, 1 1/2 p. 100 ; mais c'est dans l'espoir de les compenser, sur les 3 p. 100. Prenons le cours de l'escompte, tel qu'il était dans les six derniers mois de 1823 ; la rente, de 6 à 5 1/2 ; les bons royaux qui offrent un capital et une échéance fixes, de 4 1/2 à 3 1/2 ; les premières valeurs de banque, à 3 1/2 ; l'escompte de la banque, à 4, ce qui le place, pour Paris, à 5 ; le bon papier de commerce de 6 1/2 à 5 1/2. Hors de Paris, l'escompte a été beaucoup plus cher. L'absence d'emploi des capitaux déterminait le peu d'élévation des escomptes des bons royaux, de la Banque de France et du commerce.

Serait-ce pour décharger les contribuables ? Mais l'emploi, qui est indiqué, des résultats de cette opération prouve qu'elle ne tourne pas à leur profit. La caisse d'amortissement en ferait, dit-on, les frais. Il est bien indifférent qu'on prenne sur elle, ou sur les fonds de la rente, l'indemnité promise vaguement, à la vérité, aux émigrés. La loi de constitution de l'amortissement, qui porte que sa dotation ne sera pas changée jusqu'en 1832, serait donc violée. On augmenterait le capital de la dette, d'un tiers en sus, et l'amortissement aurait moins de moyens d'en racheter des parties successives.

On s'appuie sur l'exemple de l'Angleterre. Combien cet exemple est peu applicable à l'opération actuelle !

En 1822, l'Angleterre a réduit sa dette, de 5 p. 100 à 4 p. 100. Mais elle n'a opéré que sur une partie de 154 millions sterlings sur 831 millions, c'est-à-dire sur les 3 seizièmes de sa dette. Nous opérons sur toute la nôtre.

Les 5 p. 100 ont tous été constitués, pour éteindre des billets de l'échiquier, donnés en paiement de fournitures. L'échiquier anglais, en offrant de rembourser au pair la valeur de ces fournitures, ou de reconstituer à un moindre intérêt, était d'autant plus scrupuleux observateur des lois de l'équité et du crédit que, par le fait, depuis 1801, il a toujours remboursé annuellement et à l'aide de quelques excédans des impôts les 5 pour 100, dits *de la marine et de la guerre*.

Lorsque les 5 p. 100 sont entrés, dans les emprunts généraux, en 3 p. 100, ils n'y ont figuré que pour de faibles parties.

L'Angleterre réduit les 4 p. 100, qui ont la même origine que les 5 p. 100, et ne font qu'un onzième de sa dette, d'un 1/2 p. 100. La secousse est donc nulle, puisque les 3 1/2 p. 100 ont dépassé le pair.

Enfin, en Angleterre, il existe une masse considérable de 3 p. 100, environ 600,000,000 l. st., dans lesquels ont pu être placés les fonds qu'on destinait à des dotations un peu longues ; elles sont et resteront intactes ; et, de tout temps, les emprunts anglais ont offert de ces 3 p. 100.

Nous opérons sur toute notre dette, je l'ai déjà dit. Et comment les 109 millions aujourd'hui en circulation, sont-ils distribués?

Est-il vrai, comme me l'ont dit mes petits-enfans, qu'il y en a 60,000,000 placés dans Paris? En partant du total des inscriptions départementales ou *petits grands-livres*, j'élèverais cette somme plus haut, à 80 millions; mais admettons les 60 millions. Dans cette somme, il doit y avoir, à peu près en totalité, les 20,000,000 fr. qui restent encore, du tiers consolidé, de la loi du 24 frimaire. Vous réduisez donc des parties déjà réduites, à 33 et à 66 p. 100 (car la loi de brumaire an 7 avait été plus douce que vous (1); les rentes au-dessous de 30 fr. n'ont été réduites que d'un tiers), et vous diminuez d'un cinquième l'ensemble des revenus des habitans de Paris, dans les fonds publics. Quand vous calculerez que la valeur des locations de cette grande ville ne s'élève pas à 60,000,000 fr., c'est donc un dixième net que vous retranchez du revenu de nos bourgeois. Cette diminution sera encore bien plus forte; beaucoup de rentiers quit-

---

(1) Je relèverai ici une erreur qui me paraît assez générale. Les bons de deux tiers, d'après le principe de la loi du 24 frimaire an VII (14 décembre 1797), devaient être admis en paiement de tous les domaines nationaux. Plus tard, le Directoire limita leur emploi aux maisons de ville et aux moulins. Tous les porteurs de deux tiers auraient eu un remboursement à peu près complet; la mauvaise foi du gouvernement le leur enleva; celle du Consulat leur prit ce qui restait.

teront Paris, et la valeur locative décroîtra également.

On pourrait calculer que les produits de l'industrie de Paris, y compris celle qui s'exerce sur les consommations, s'élève à 120,000,000 fr.; mais le quart n'en est pas porté aux accumulations annuelles. Avec la réduction proposée, après le décroissement de la valeur locative, viendra celui des profits de l'industrie, sur une moindre consommation. Ne vous attendez donc pas que l'on rentre dans vos 3 p. 100. Vous aurez déclassé des sommes considérables qui se porteront ailleurs et ne vous reviendront plus.

Le bourgeois de Paris, depuis le système, s'était dégoûté du contrat sur la ville, et encore plus, depuis l'abbé Terray; même le père de famille plaçait en viager. Il séparait dans la rente viagère l'intérêt annuel et le remboursement du capital. Après la loi du 24 frimaire, le bas prix de la rente *perpétuelle* l'y a fait rentrer; mais avec vos réductions et votre agiotage, il n'y reviendra plus.

Le rentier de Paris dont je prends la défense, même après avoir cessé de l'être, reprochera à tout le monde, au gouvernement, aux émigrés de l'avoir sacrifié à l'agiotage, et tous ceux sur lesquels porteront ces réformes feront les mêmes plaintes.

Je ne me permets pas, dans le moment, de donner mon plan comme tant d'autres; je m'en rapporte trop à la sagesse du gouvernement. Mais j'examine celui qu'il a livré à la discussion de l'opinion publique.

Je dis et je répéterai qu'en donnant du 3 p. 100, à 133 1/3, au lieu du 4 p. 100 à 100, il crée un capital conventionnel; et s'il arrive jamais au pair, l'État aura perdu une grande quantité de capitaux réels pour avoir un capital fictif. J'attends nos fonds publics à la première déclaration de guerre un peu sérieuse. Le 3 p. 100 viendra dans les prix de 50.

Je dis également que la caisse d'amortissement, en opérant sur les 3 p. 100, à 75 et au-dessus, paiera la dette publique 5, 10, 15 ou 25 p. 100 de plus qu'elle ne représente.

Les pluies du printemps arrivent, et je vous quitte, Monsieur et cher ami, pour mes espaliers et mes treilles, plus aisés à manier et à assouplir, que l'esprit de certains faiseurs de projets. Puissent les notions que j'ai fournies être utiles, et l'expérience du vieux temps servir au jeune! ce qui n'arrive pas toujours.

LETTRE V.

Lay, près Paris, le 19 avril 1824.

*A l'honorable M. H*****, Membre du Parlement, à Londres.*

Vous m'avez reconnu, mon honorable ami, à la lecture des journaux du commerce du 2 et du 3 de ce mois, et vous me demandez un aveu. Cet aveu ne m'est pas pénible, mais les résultats le seront pour mes deux petites-filles qui sont obligées de recopier la seconde et la troisième de mes lettres au rédacteur de cet estimable journal, dont je vous vois, non sans plaisir, mais sans étonnement, un des abonnés. Elles auront encore la tâche de vous faire la copie de ma lettre à M. Ott*** de Bruxelles. Communiquez tout ce fatras de papier au respectable M. R. F***. Ma première lettre lui sera adressée. Obtenez-moi son indulgence. Vis-à-vis d'hommes supérieurs comme votre ami et vous, elle est aussi nécessaire à ma modestie et à mon infériorité par l'âge, les talens et l'habitude de ne voir que des faits et leurs combinaisons spéculatives, qu'il vous est habituel de l'accorder. J'aurai bien, d'ailleurs, quelques actes de rivalité à reprocher à vos hommes d'état. Vous êtes toujours Anglais, même en pleine paix; et moi, à l'approche de la paix des tombeaux, je suis toujours Français, mais juste. Entrons en matière.

De temps immémorial, nous allions, en famille, entendre les ténèbres à Saint-Landry; depuis la révolution, nous faisons cet acte de dévotion à Notre-Dame. Samedi, avant de revenir à la campagne, on m'a proposé de me donner un billet des galeries de la Chambre des députés, et de m'y conduire. On devait y faire le rapport de la commission sur la loi proposée pour la réduction de la rente. J'ai accepté, et j'ai été très-bien pour voir et pour entendre.

Je sentais profondément, même à mon âge, tout le charme de me trouver au milieu de l'élite de la capitale et des provinces, chargée, par le gouvernement, de lui représenter et de discuter, contradictoirement avec lui, nos intérêts. Nous devons donc être assurés que ces intérêts seront bien appuyés et chaudement servis. Car les honorables membres, amis de MM. les ministres, feront pour nous comme pour eux, et en obtiendront bien mieux ce qu'ils voudront que s'ils en étaient les ennemis. Les discussions seront aussi plus douces, plus modérées, sans cesser d'être franches et étendues; et nous ne verrons pas, cette année, la gendarmerie entrer dans la salle des séances pour mettre à la raison quelque récalcitrant. C'est un bien, d'ailleurs, de pouvoir juger de quelle utilité peut être à notre pays une chambre basse composée de *toris* ou d'amis du ministère, sans presque aucune opposition whig.

J'ai écouté, avec beaucoup d'attention, le rapporteur de la commission chargée de l'examen de la proposition de loi. Il n'a point déterminé mes convictions. Je dois l'avouer, tout ce que j'ai dit ici, tout ce que j'ai écrit, dans mes précédentes lettres que vous avez sous les yeux, reste. Mon opinion n'est point changée; et puisque le ministère a bien voulu la consulter avec celle de la masse de mes concitoyens, qu'on désigne sous le nom d'opinion publique, mesure, cependant, qui, suivant M. le rapporteur, « a produit cette agitation des esprits qui se manifeste par toutes les issues ouvertes à la plainte, par les journaux, les brochures et les conversations; » je répondrai donc, à ceux qui me consultent, non par des plaintes, je n'en ferai jamais, mais par des observations, des faits, et l'exposé de leurs combinaisons et de leurs résultats. Je le répéterai mille fois : je n'ai pas d'opinion; je ne fais pas de système, des théories encore moins; Dieu m'en garde : je reçois tout cela tout fait, de l'autorité.

Je reviens de nouveau au principe que j'ai émis dans ma première lettre (*Journal du Commerce* des 2 et 3 avril), que la morale des gouvernemens ne peut pas être celle des particuliers, et leur justice celle du code civil. En matière de haute politique, les convenances font le droit; le droit le plus réel est celui de la force. Nous avons eu la facilité, depuis trente ans, de réunir un grand nombre de preuves et de faits à l'appui. Le droit des gens n'est qu'une convention générale d'user avec modération du terrible droit de la force, de le limiter à une exécution la moins vexatoire possible, et pour le but seul que se propose l'exercice qu'on en fait. Là, où vous êtes, mes principes seront contestés ; peut-être même, feront-ils horreur ; mais ici les principes sont des mots remplissant de belles pages, même dans la prose poétique des anciens jours ; les principes sont aussi variables que les événemens. Pourquoi vous en plaindriez-vous? N'est-ce pas à ce prix que vous nous accusez d'être le peuple le plus léger de la terre?

L'état, on ne pourra jamais le nier avec succès, l'état a le droit de rembourser ses créanciers, lorsqu'il le peut. L'état n'a jamais pu emprunter, dans le système des dettes anglaises, et dans l'application qu'on nous en fait, depuis 1815, de manière à se constituer débiteur à perpétuité ; et à quelle fin nous-mêmes aurions-nous donc grevé les revenus de la France, pendant 25 ans, de 40,000,000 fr. de dotation d'une caisse d'amortissement, et aurions-nous abandonné à cette caisse 150,000,000 hectares de bois d'une valeur de 110 à 120,000,000 f.?

Quand l'état a emprunté depuis 1815, les prêteurs ont eu l'espoir qu'ils pourraient être remboursés au pair, ou plutôt à 100 fr. des 50 fr. 56 c., 68 fr. 50 c., 85 fr. 55 c. ou 87 fr. qu'ils lui prêtaient réellement : ils auront beau dire qu'ils ont *prêté à la grosse aventure*, que le contrat était aléatoire, cela n'est pas avec les gouvernemens, encore moins avec ceux qui ont des formes représentatives. On lève de l'argent sur le pays au taux de l'intérêt des prêts ordinaires, peut-être à un taux plus élevé : aimerait-on mieux, dans les circonstances critiques, les emprunts forcés ? Nous en avons eu assez. A la vérité, le remboursement devait être volontaire pour les prêteurs ; et le seul mal de la réduction actuelle est qu'elle est forcée, et forcée parce qu'elle est précipitée ; et précipitée parce qu'elle est le résultat de la fièvre de l'agiotage, et qu'elle la causera et la redoublera. C'était naguère une fièvre quarte, avec remission ; elle va devenir une bonne fièvre chaude, bien continue, avec redoublemens. Mon respect profond pour le gouvernement s'associe à l'espoir que les habiles médecins, qui règlent notre diététique financière, et en connaissent si bien toutes les variations, tous les paroxysmes, sauront prendre l'accès à temps, et nous éviteront ces crises funestes, dont les registres de mon grand-père du *Système*, et mes notes particulières des temps de *l'abbé Terray*, m'ont mis à même de transmettre les effets avec quelque précision.

J'ai parlé des *emprunts faits depuis* 1815. La loi du 24 frimaire n'avait pas établi et doté une caisse d'amortissement. Aussi la loi avait-elle prononcé que le *tiers consolide* était à *perpétuité ;* elle avait donné des moyens de se rembourser des *deux* autres *tiers* dits *mobilisés :* et ces moyens, le gouvernement de cette époque les a enlevés. La *perpétuité* est donc acquise à cette partie de la dette. Elle lui appartient de droit; elle lui serait due d'ailleurs et par justice et en compensation de ce qu'on lui a ôté la chose qui formait la valeur qu'elle devait trouver dans *les bons de deux tiers.*

C'est sans doute un mal qu'on n'ait pas fermé le grand livre en 1816; mais il y avait de grands dangers à en élever la plus simple proposition. Nos pauvres rentiers de Paris, sortis éclopés, mutilés de la banqueroute du 24 frimaire an VI et des fournitures et des arriérés de l'Empire, auraient été accolés aux porteurs des ordonnances de l'an VIII et années antérieures, renvoyés, par le décret occulte du 25 février 1808, pour être payés des 100,000,000 fr. de leur valeur, en inscriptions sur le grand livre, après la paix; et le grand livre aurait bien pu être mis à l'arriéré, ainsi que les ordonnances de l'an VIII et antérieures, par les lois de finances de 1815 et de 1816.

En 1817, on avait besoin du renom du grand livre, pour la facilité de la négociation des 24,000,000 fr., avec *les princes de la banque* (étrangers) à 50 ou 51 fr., et que nos banquiers, un peu plus patriotes, parvinrent à établir à un cours commun de 56 fr. 50 c. Ainsi, il y avait intérêt mutuel du créancier et du débiteur que le grand livre fût toujours ouvert.

Si le grand livre eût été fermé, nous n'aurions pas eu ce mélange d'inscriptions, réduites de 61 1/2 pour 0/0 et de 66 2/3 pour 0/0; d'inscriptions, données pour des fournitures qui, en raison de la sévérité et des lenteurs de leur liquidation, valaient réellement 120 fr.; enfin d'inscriptions vendues à des compagnies de capitalistes, à la manière dite anglaise, depuis 50 fr. jusqu'à 88 fr. Cependant toutes les origines de ces diverses natures d'inscriptions sont très-reconnaissables; et il serait aisé de les classer, si la sagesse du gouvernement s'y déterminait.

On sait très-bien que, par exemple, des 37,906,000 d'inscriptions résultantes, sous la dénomination du *tiers consolidé*, de la liquidation de la loi du 24 frimaire, il n'en existe plus, dans la circulation, que 20,000,000 fr. Pourquoi les porteurs de ces inscriptions, déjà réduites de 66 2/3 p. 0/0, ne seraient-ils pas les derniers à entrer en remboursement? En vingt-quatre années, près de la moitié de ces inscriptions a été absorbée dans les 57,000,000 fr. qui sont hors de la circulation. Le décès des titulaires, les partages de succession en auront changé la propriété en dix ans; renvoyez donc leur remboursement en 1840.

Ces créanciers privilégiés mis de côté, venons à l'examen de l'exercice du droit de remboursement relativement aux porteurs des 89,000,000 fr. d'inscriptions restant dans la circulation.

Comment doit être exercé ce droit de l'État? Je n'oserais dire le mot le plus propre à rendre mon idée. Il me semble cependant que *paternel-*

lement...... doit être la seule réponse à cette question. Ce mot est tellement dans les volontés et dans les paroles augustes du législateur de la charte; il y a tant de belles choses dans les sentimens paternels; tant de vertus nobles, douces et toujours aimables y sont associées, que les excès de celles-ci ne peuvent naître que des erreurs de ceux-là.

Voyons donc actuellement, non si la réduction est paternelle, mais si la mesure, à l'aide de laquelle elle doit se faire, l'est également.

L'économie, la modération des impôts, qui fournit les moyens de les répartir avec équitté, sont toutes des vertus paternelles dans les gouvernemens. Elles en sont les vertus nécessaires, car ils doivent faire le plus possible avec le moins de frais possible. L'élévation des impôts d'abord, et leur mauvaise répartition ensuite, nuisent trop à la reproduction pour que la sagesse économique des gouvernemens ne doive pas les modérer, en les réduisant, et en diminuant les charges et les intérêts des emprunts.

Dès que nous admettons le droit des Etats de rembourser leurs dettes, l'opération de proposer, de reconstituer à un intérêt moins élevé, n'est qu'une simplification de l'acte du remboursement. Au lieu d'emprunter, à 4 pour cent, 100,000 fr. d'une main, et de rembourser semblable somme, au même individu, de l'autre, l'État donne un titre nouveau.

D'après le mode des emprunts adopté en France, depuis 1815, l'État n'a pas pu s'ôter la faculté de rembourser ce qui lui avait été prêté, en recevant 50, 56, 68, 85, 87, pour un capital conventionnel de 100 francs. Cette faculté lui a non-seulement été reconnue par les prêteurs, mais même ils ont exigé, de lui, de se la réserver et d'établir une caisse d'amortissement qui l'exercerait en son nom. La somme de 509,805,736 fr. du produit successif de la dotation qui lui a été créée, et des rentes dont elle est devenue propriétaire, qui représentent bien des impôts levés sur le revenu territorial et industriel de la France, et le prix de la vente des forêts, bien certainement un capital national, ont contribué à porter la masse totale de toutes les natures d'inscriptions, de 52 à 102. Mais pourrait-on croire que l'État, pour avoir presque doublé le capital des prêteurs *aléatoires*, de ses fournisseurs de valeurs réelles, et des éclopés de la loi du 24 frimaire, par l'opération graduelle de l'amortissement, a renoncé, lorsqu'il aurait porté ce capital au pair, à rembourser ceux des prêteurs qui n'ont pas été réduits? Non.

Si l'amortissement achetait la rente à un cours supérieur à 100 francs, l'État payerait plus qu'il ne doit; car il ne s'est engagé à payer que 100 francs, soit vis-à-vis de ces anciens fournisseurs, soit des prétendus *prêteurs à la grosse aventure*.

Ceux qui refusent à l'État la faculté de rembourser sa dette, voudraient-ils que l'amortissement continuât à racheter à 110, à 115, à 120? Ces messieurs nous parlent du système des dettes anglaises, qu'ils l'apprennent donc une bonne fois. Ils sauront que, par les différentes lois du Parlement, le bureau de l'amortissement ne doit racheter la dette qu'au pair ou au-dessous, avec faculté de porter son action de rachat sur celle des parties de la dette qu'il voudra. Ils sauront que, par la loi de 1792, et sur la demande de M. Fox, le bureau d'amortissement ne peut souscrire dans aucun emprunt nouveau. Ils sauront également que la majeure partie des dettes que le bureau a rachetées sur la place jusqu'en 1813, ont été en 3 p. 100, et dans le prix commun de 70 liv. sterl.; que les 4 p. 100 ayant beaucoup baissé, pour en relever le cours et en rétablir la proportion avec celui des 3 p. 100, le bureau en a racheté 7,800,000 liv. sterl. au cours de 84 1/2; que la loi de 1807, de l'emprunt de lord Henry Petty, obligeant expressément à porter une partie de la somme affectée à son amortissement particulier, sur les 5 p. 100, comme sur les 3 p. 100 qui en formaient la majeure partie, les commissaires de l'amortissement n'en ont enlevé sur la place, graduellement et en six années, que 142,000 liv. sterl., au cours de 89 3/8 : c'était assez pour satisfaire à la loi de 1807.

Ils sauront enfin qu'aujourd'hui en Angleterre le prix des fonds est à peu près ce qu'il était en février, et mars 1793, les 3 p. 100 à 96 ou 97, et les

4 p. 100 à 105. Il y avait alors des 5 p. 100 à 120, il n'y en a plus.

Actuellement que le droit de l'état de rembourser les dettes qu'il a contractées, me paraît établi, comment doit-il être exercé? *paternellement* sans doute. La bonne foi des princes de la maison de Bourbon est trop éclatante, trop hautement reconnue en France et dans l'étranger, trop utile surtout au crédit de nos finances et de nos emprunts; dans la Hollande, sur laquelle je reviendrai tout à l'heure; dans l'Allemagne, affligée de banqueroutes scandaleuses nationales; dans l'Italie, malheureuse et bien aise d'avoir des capitaux assurés hors de son pays, pour qu'il soit permis d'élever le moindre nuage sur les intentions pures et droites de notre gouvernement.

L'opération première de toutes les réductions possibles, doit être le classement des 109,000,000 f. d'inscriptions en circulation. Il me semble que ce classement doit donner trois catégories différentes: celle des dettes *consolidées;* celle des dettes pour *services arriérés;* celle enfin des *emprunts* levés *depuis* 1815, et que ces catégories doivent être divisées, en séries à peu près égales des inscriptions existantes dans la circulation.

Cette opération faite, la caisse d'amortissement continuerait ses rachats au pair ou au-dessous. Elle rembourserait au pair, chaque jour ou chaque semaine, d'après la quotité de sa dotation journalière, les inscriptions de la première catégorie qui lui seraient présentées. Les fonds restans seraient placés à intérêt à la fin de chaque semaine. Tous les ans, au 1er janvier, les fonds de la dotation qui lui seraient restés libres, seraient recensés. Les séries de la seconde et de la troisième catégorie, seraient tirées au sort. Les porteurs des numéros d'inscriptions sortis, auraient deux mois, pour déclarer qu'ils veulent participer au remboursement. Le troisième mois serait employé à établir, reconnaître et déclarer les numéros de séries des inscriptions reconnues remboursables; et au 1er avril les porteurs pourraient se présenter à la caisse d'amortissement: au 1er juin, le remboursement serait fermé, et les fonds restans seraient placés jusqu'au 1er janvier suivant, et ainsi de suite jusqu'en 1832.

Les chances du tirage des séries pourront avoir quelque influence sur le cours de l'inscription, et réduiront l'intérêt conventionnel élevé beaucoup trop souvent par l'agiotage, à n'être plus que le véritable taux de l'intérêt réel des fonds publics.

Que doit-il arriver? Ou le taux de cet intérêt dépassera le pair, ou il sera au-dessous. Dans ce dernier cas, les rachats de l'amortissement continueront à maintenir le cours de la rente, et rien n'est changé dans la destination de cette caisse; le but de son institution est toujours atteint.

Ce moyen me paraît n'être qu'une modification de la loi d'avril 1817, qui a créé la caisse d'amortissement, et nous restons toujours, et plus que l'Angleterre même, fidèles aux lois du crédit.

Si l'intérêt de nos fonds doit, ainsi que le pense M. le rapporteur de la commission de la Chambre, s'élever de plus en plus, le gouvernement trouvera à négocier des emprunts à 4 ou à 4 1/2 p. 100; il aura dès-lors la facilité, sans recourir aux *princes de la Banque*, de proposer aux porteurs des diverses classes d'inscriptions, provenantes des emprunts faits depuis 1815, leur remboursement au pair, ou leur reconstitution à 4 p. 100, ou à 4 1/2, en leur donnant quelques mois pour opter entre l'un et l'autre.

Cette reconstitution sera rendue d'autant plus facile, que le ministère éloignera davantage l'époque où il sera réservé d'exercer la faculté de réduire de nouveau cette partie des dettes ainsi reconstituées. La décroissance du taux de l'intérêt ouvrira le cours des réflexions et des calculs des porteurs d'inscriptions sur la possibilité d'être remboursés plus tard, et dans un moment où on ne reconstituerait plus qu'à 3 1/2 ou à 3 p. 100.

Mais dans l'opinion d'un vieux rentier, auquel l'intérêt personnel, beaucoup de lectures et quelques méditations ont assez bien appris l'histoire des finances de l'Angleterre et de la France, et celle des dettes publiques des États; point de mouvemens brusques; *qu'ils soient doux et faciles; qu'on n'aperçoive jamais la limite des forces de l'État*, et qu'ils n'obtiennent que des opérations soit de remboursement, soit de conversion, purement, entièrement, et réellement volontaires.

C'est dans ce but surtout que nous renoncerons à l'idée de rembourser toute notre dette à la fois: en avons-nous les moyens? La folie de cette conception est si manifeste, qu'elle donne à notre gouvernement une apparence de mauvaise foi qui, sans cesser d'être probable et ignominieuse, est trop forte cependant pour pouvoir l'atteindre: elle jette sur les partisans de la réduction un air de perfidie et en même temps d'infatuation ou de crédulité niaise, telles, que vous désignerez à Londres l'ensemble de toute cette affaire sous le nom de *Bubble.* Vos pères l'ont appliqué, il y a près de cent trois ans, à leur plus haute folie, celle des *actions de la mer du Sud.*

Je n'entrerai point encore, Monsieur, dans l'ensemble de cette mesure. Je réserve pour ma lettre à votre ami le développement de mes idées sur la reconstitution de notre dette en 3 p. 100, délivrés à 75 francs. Je crois l'opération, en elle-même, impraticable; mais si elle s'exécutait en désespoir de cause, parce qu'on a tué le commerce et toutes les affaires; parce qu'on n'aurait plus d'autres ressources que la dernière des malheureux, l'agiotage et le jeu; par une chance, enfin, que je ne saurais concevoir ni chiffrer, elle entraînerait de très-grands dangers pour la France. Nous commencions à nous relever en 1819. Depuis quatre ans, nous sommes stationnaires, et nous déclinerons tout-à-fait. Vous remarquerez que la première atteinte portée à la Charte a commencé le stationnement de nos progrès; et de mesures politiques, en mesures de finances et de réactions des unes sur les autres en réactions, nous en viendrons à perdre tous les élémens de notre crédit au dehors et de notre prospérité intérieure.

Mon petit-fils Charles me mande d'Amsterdam que l'établissement de la grande compagnie Belge de commerce n'est qu'une mistification financière, et il m'en promet les détails et les preuves.

Je gronde un peu mon étourdi sur ses expressions. Je n'aime pas les irrévérences vis-à-vis des gouvernemens. J'attends ses développemens. Vous en parler serait renvoyer à la source des idées saines, des notions incomplètes. M. de F... n'est pas resté trois mois auprès de votre gouvernement pour préparer cette grande mesure, sans vous en faire connaître les motifs et le but. En ceci, comme en toute autre chose, vous jouez fort bien vos cartes. Il est malheureux que les nôtres soient tenues par ceux de mes contemporains qui voulurent les retenir en 1791 et en 1792, et dont les résistances, etc......

LETTRE VI.

Lay, près Paris, le 21 avril 1824.

Au très-honorable M. R. F...., Membre du Parlement, à Londres.

Avec un homme d'État d'un mérite supérieur, on va droit au fait. Vous demandez mon opinion sur la crise qu'on prépare à nos finances : pouvez-vous l'ignorer ? Ce que je pense de l'opération n'est-ce pas ce que vous en pensez vous-même ? Et sur la crise dont nous sommes menacés, n'en savez-vous pas plus que moi ?

Il existe ici un assez grand nombre d'hommes instruits qui regardent l'opération de réduction de la dette, telle qu'elle est proposée, comme la création d'une dictature financière. Votre chambre des communes est un des pouvoirs publics de la constitution anglaise : la nôtre n'est qu'une des formes du gouvernement du roi, établi par la Charte (Discours de M. de Serre, garde-des-sceaux.) Pouvoirs publics de la constitution, vous n'abandonneriez pas à des ordres du roi d'Angleterre, en conseil, l'ouverture d'un chemin vicinal, même la faculté d'en libeller l'autorisation. Nous, forme du gouvernement du roi, nous posons des principes; le développement en est confondu avec l'exécution, et les principes, comme leurs développemens, comme l'exécution, sont confiés au ministère, et nous avons des ordonnances sur tout. Mandataires du peuple, si l'on veut, nous donnons des pouvoirs dont nous ne contrôlons jamais l'exercice ou l'usage, puisqu'il n'y a pas de loi de *responsabilité matérielle*, et que l'agitation des partis ne permet pas qu'il y ait de *responsabilité morale*. La loi proposée crée une dictature ministérielle; elle pose à peine des principes. Donnerait-elle une autorisation de soumettre la propriété à toutes les vicissitudes, à toutes les violations de droit, que l'ignorance et la présomption, la grosse cupidité trompée, les intérêts personnels fortement éveillés et le caprice même pourront exiger de la faiblesse d'une administration? Je ne dois pas le croire. Voilà pour l'ensemble de la loi.

Venons aux détails.

La réduction s'étend sur toute la dette. Elle est injuste pour les créanciers de l'État, porteurs de *tiers consolidé*, par la loi du 24 frimaire.

Elle est impolitique à l'égard de tous les autres créanciers, parce que les inscriptions sur le grand-livre sont, pour la majeure partie, dans les mains de 55,000 habitans de Paris, suivant les uns, de 76,000, suivant les autres, ou dans celles des étrangers.

Dans les mains des habitans de Paris. J'aime

moins que personne le système de centralisation, qui a tout porté dans cette grande capitale; mais je crois que lorsqu'on trouve aggloméré dans une ville et dans les mains de 65,000 individus, célibataires âgés de plus de 50 ans, ou pères de famille, 80,000,000 f. de cette sorte de revenu, on ne réduit pas ce même revenu de 16 millions sans faire beaucoup de malheureux, et encore plus de mécontens et de frondeurs. Or, avec des souverains de la maison de Bourbon, désirés, chéris et si dignes de l'être, par leur bonté, pour leur amour du bien, avec des princes, non d'hier, mais les anciens du pays, qui ont partagé nos infortunes et nos prospérités, ont été de part dans nos gloires et dans nos succès; le ministère ou la faction de 1791 et 92, qui place ainsi en opposition leurs sentimens et tous les intérêts qui remuent le cœur des bons princes, avec les intérêts et les douleurs de leur ville capitale; le ministère, dis-je, ou cette faction devient coupable et manque à la fidélité et aux premières notions de la prudence..

Il est également de la politique d'avoir des égards pour la première commune du royaume, qui, devenue ville manufacturière, après avoir réparti, entre 100,000 ouvriers au moins, 400 millions de salaires, verse dans nos échanges avec l'étranger près de 50,000,000 fr. de produits de son industrie; qui, de tout temps, ville de consommation, anime dans un rayon de 50 lieues la production de près de 250,000,000 fr. de denrées;

qui enfin, ville à large matière imposable, paie à l'Etat 81,500,000 fr. d'impôts, à peu près le dixième de toutes les contributions de la France, et 114 fr. par tête de chacun de ces 715,000 habitans.

Non-seulement on mécontente donc les habitans de cette grande ville, mais on y diminue encore la matière imposable.

Le manque de politique, l'imprudence administrative ne seraient-ils pas ici bien près de l'injustice? et l'injustice, au milieu d'une crise financière, provoque constamment les révolutions, les bouleversemens.

Proposer le remboursement des inscriptions qui sont *dans les mains des étrangers*, ou les réduire à 4 p. 100, est une mesure également impolitique.

Les étrangers ont deux sortes d'emploi de leurs capitaux, dans nos fonds publics; temporaires et stables :

1°. Temporaires : les capitaux des Hollandais, des Suisses et Genevois, et des villes hanséatiques, ont été portés dans nos fonds lorsqu'ils étaient en baisse. Lorsque les fonds ont été à une élévation de cours qui paraissait exagérée aux capitalistes, ils en sont sortis pour y rentrer au dernier terme du décroissement de la baisse. Les capitalistes nationaux les imitaient ou les avaient devancés. Depuis 1817, ces fonds sont entrés dans les emprunts nouveaux, les ont conduits jusqu'à un certain point de hausse, en sont sortis et en ont fait la baisse; et, au travers de ces variations de cours, ils se sont assez rapidement accrus. Cette spéculation était naturelle. Il était tout simple que, tant qu'il y aurait de l'*omnium* sur la place, on jouât à la hausse; on avait pour croupiers les banquiers contractans de l'emprunt.

Si les emprunts cessent; si l'agiotage n'a plus que les alimens journaliers d'une variation de 1/2 ou de 3/8 pour 100, cet emploi temporaire des capitaux étrangers atteindrait son terme; et voilà que notre ministère perpétue cet agiotage, en mettant sur la place une masse énorme de 3 p. 100, que l'intérêt des banquiers, qui font l'emprunt, doit porter au moins à 85.

Sans la mesure de finances actuelle, les emplois temporaires des capitaux étrangers cesseraient. Ils prendraient quelque stabilité. Il est impolitique de les en détourner; et cependant c'est ce que doit faire la mesure proposée!

L'emploi stable des capitaux hollandais allait être fait. Le nom du roi et le caractère de loyauté et de bonne foi des Bourbons attiraient, comme sous Louis XVI, en dépit des souvenirs de *l'abbé Terray* et du *système*, les capitaux des Hollandais, dans nos fonds publics. L'énormité des impôts dans le royaume des Pays-Bas, l'exorbitance en particulier de celui sur les moûtures, de près de 60 p. 100, en sus des autres, faisaient émigrer, de la Hollande, et les personnes et les capitaux libres. Le ministère français, abandonné depuis deux ans, aux *Princes de la Banque*, prononce son projet de réduction, et le voyage est suspendu. Le roi des Pays-Bas rend, le 29 mars, son édit de création d'une société de commerce belge. Il garantit 4 et 1/2 p. 100 d'intérêt; il souscrit, dans cette société, pour un sixième du capital. Pour les irrévérens, c'est *une mystification financière;* pour ceux qui scrutent plus profondément les secrets du pouvoir, c'est un échange donné, une consolation portée par l'espérançe à l'agriculture en détresse; ou enfin il y aurait une nécessité, pour la couronne des Pays-Bas, de se décharger, sur une compagnie des Indes, belge, libre et sans monopole (ce que je ne conçois guère) du fardeau de l'administration des colonies asiatiques du royaume des Pays-Bas.

Et cet édit, qui n'est qu'obscurité, qui ne contient que du vague, qui n'est rien qu'un appel fait par voie de souscription aux capitaux des Hollandais, doit son existence à la légèreté présomptueuse de nos faiseurs en finances.

La mesure n'est pas moins impolitique vis-à-vis des Allemands et des Italiens. Pour les uns, le défaut de fixité dans notre système financier; pour les autres, la perte des changes, qui écornait un peu la quotité de l'intérêt, lorsqu'il était de 5 p. 100, et trop, lorsqu'il n'est que de 4 p. 100; les oppositions des gens d'affaire, si nombreux en Italie, et qui n'aiment pas les placemens dans les fonds publics, enfin l'anglomanie deviendront les causes de la retraite de tous ces capitaux, de nos fonds:

et ces causes, le projet de finances actuel aura su les créer.

L'opération proposée est dénuée de motifs légitimes; ou ceux, sur lesquels s'appuient ses faiseurs, sont vains et faux; ils ne peuvent pas soutenir la plus légère discussion.

On annonce qu'on veut faire baisser l'intérêt de l'argent, dans le commerce de la capitale, et surtout dans celui des provinces ainsi que dans toutes les transactions sociales.

Le taux élevé ou bas de l'intérêt de l'argent dépend de la plus ou moins grande abondance du *medium* de circulation, qui ne peut être aujourd'hui pour votre nation, comme pour la nôtre, que le numéraire ou espèces métalliques. Vous aurez beau multiplier les valeurs fiduciaires de toute sorte, de toute dénomination, vous ne suppléerez point à la rareté du *medium* de circulation; vous l'augmentez au contraire. Plus vous aurez de setiers de blé, de tonneaux de vin, de balles de laine, de coton, de rentes, de bons royaux, d'obligations hypothécaires ou autres, d'effets de commerce à vendre, plus vous avez besoin de moyens de solder tous les échanges que vous ferez de ces valeurs.

Nous n'en aurons pas assez dans la capitale, où notre système de centralisation attire cependant tout l'argent des provinces; et dans celles-ci, nous en manquerons presque totalement.

Nous devons sans doute à la banque de France l'utile institution des comptes courans, qui économise le signe, et la constitue, en cette partie, véritable chambre de revirement, *clearing house* de Londres, *stanze* de Livourne, *ancienne loge du change* de Lyon pour *ses cinq paiemens*. Mais elle sera même insuffisante pour Paris; et elle est nulle pour les provinces. On n'obtiendrait que de la complaisance le paiement, à Rouen, d'un billet de la banque de France.

On ne peut méconnaître qu'il y a rareté du *medium* de circulation, non-seulement en France, mais en Europe. Vous, monsieur, vous n'en doutez pas; l'étendue de vos connaissances, en haute économie politique, m'en est un sûr garant. Vos calculs d'ailleurs, sont d'accord avec les miens sur la masse du numéraire existant dans le monde civilisé, ils gardent des réticences sur l'augmentation du produit des mines d'or du Brésil. Vous êtes dans le droit, et vous vous placez dans la mesure des convenances politiques; mais j'ai eu, d'un autre côté, des données approximatives, qui suffiront pour la démonstration que j'établirai, dans cette lettre, ou dans la suivante, qu'il y a insuffisance de *medium* de circulation, pour les besoins de l'Europe. Je partirai d'ailleurs des points de fait établis, par votre excellent comité des monnaies de 1810 et 11, sous la présidence du T. H. M. Horner, et dont vous étiez membre, autant que je peux m'en souvenir.

La rareté du *medium* de circulation n'influe pas seule sur l'intérêt de l'argent. C'est l'instabilité des principes, c'est le mode de gouvernement, les guerres qu'on a faites, celles qu'on redoute encore, l'abandon, la soumission même dans laquelle on paraît être vis-à-vis des *princes de la banque*, qui produisent la stagnation des affaires. Les entreprises manquent plutôt à l'argent que l'argent aux entreprises. Celles-ci trouveront de l'argent à 5, à 4 et demi, à 4 p. 100, et j'en ai la preuve, dans ma famille; depuis qu'on parle de réduire l'intérêt de 5 à 4 p. 100, ses billets à ordre, pour des sommes très-fortes et sur papier libre, ne lui ont plus été escomptés à 4 p. 100; on a exigé 5 p. 100.

Mais, dira-t-on, l'intérêt dans les fonds publics est à 4 p. 100; si la mesure qu'on propose n'avait pas arrêté leurs cours, l'inscription serait à celui de 125..... où en est la preuve? Le fait serait vrai, qu'il n'en serait pas plus concluant; il n'établirait qu'une chose, c'est que la maison de banque qui a fait le dernier emprunt, et en doit encore la moitié, maintient le cours jusqu'à ce qu'elle ait placé le reste. Un chancelier de l'Échiquier ferait-il, chez vous, un nouvel emprunt si l'*omnium* du précédent n'était pas écoulé ou du moins classé? Il préférerait d'émettre des billets de l'échiquier, sauf à les fonder plus tard, et il ne contracterait un emprunt nouveau que lorsque la place, le cours et le jeu des fonds seraient un peu rassis, et qu'il pourrait ainsi juger du véritable intérêt des dettes publiques.

L'opération proposée est donc prématurée.

Elle est sans souvenir d passé. La crise de la bourse de 1818 est oubliée; les trois baisses de 12 ou 15 fr. qu'a éprouvées la rente depuis la restauration, devraient être près de nous; on n'en tient nul compte.

On oublie également avec quelle peine la rente a surmonté toutes ces crises, avec quelle lenteur elle a affermi ses cours.

On n'a jamais eu dans la pensée que la rente, à un cours de 5 p. 100, remplaçait ces nombreuses rentes viagères, moins destructives de la moralité des individus, que du capital de la richesse nationale, auxquelles nos pères et la bourgeoisie de Paris consacraient jadis quelques fonds. Les habitans de la capitale n'entreront dans nos nouveaux 3 p. 100 que lorsqu'ils seront à 45 : soyez-en assuré.

L'opération proposée est sans prévoyance de l'avenir.

Il est impossible, de la manière dont l'Europe a été constituée et *répartie*, qu'il se passe cinq ans avant qu'il n'y ait une nouvelle guerre. Peut-être est-elle plus instante encore? Peut-être les élémens en existent-ils déjà, en Grèce, dans les colonies espagnoles, sur les frontières de la Bessarabie et à Sinope, et dans les vœux et les illusions de nos vieux colons de Saint-Domingue.

Est-il prudent de faire sortir de l'argent de la rente? Est-il prudent de mécontenter les prêteurs qui y resteront forcément, de dégoûter les capitalistes qui voudraient y rentrer? Remarque-t-on dans toute cette affaire, ces vues longues, ces prévisions supérieures d'un homme d'État? Je le demande à vous, si juste appréciateur du mérite.

La réduction proposée est sans économie pour les fonds de l'Etat.

Elle est le moyen, d'après le taux auquel le jeu élèvera les 3 p. 100, de faire racheter à la caisse d'amortissement, à 108, à 110, à 115, la dette de l'État qui n'est que de 100 l. Son influence s'exerçait sur 2,180,000,000 fr., lorsque les inscriptions existantes dans la circulation étaient à 5 p. 100. Elle devra porter sur 3,300,000,000 fr., y compris l'emprunt nouveau fait à 3 p. 100, à 75, pour faciliter l'opération.

Sans doute l'État paie chaque année 28,000,000 d'intérêts de moins. Mais à quoi passeront les produits de cette économie d'intérêts? A fonder une nouvelle dette et à augmenter encore de 500 millions la masse des fonds soumise à l'action diurne de l'amortissement, et portée alors à 3,800,000.

Je m'étends peu sur tous ces caractères de la réduction proposée.

Je n'ajoute plus qu'un mot. L'opération est immorale. Elle repose sur une déception; elle veut faire croire au créancier, de la libre volonté duquel on a besoin, qu'on peut le rembourser lui et les autres porteurs du restant des 109 millions d'inscriptions en circulation; la déception, opérée sur lui, produit une force de constriction morale, qu'on peut appeler une violence financière, et des craintes, chimériques sans doute, qu'il ne puisse trouver à placer ailleurs son capital.

Elle est immorale, parce qu'elle tend à augmenter l'agiotage que tout gouvernement sage doit chercher à restreindre. Il en est sans doute du jeu sur les fonds publics, comme de tous les autres, comme des loteries; il faut les tolérer. Mais lorsque, par une opération subite, au lieu d'une différence de cours de 15 à 20 fr. sur les 5 pour 100, que l'agiotage aurait à combler, on lui en livre une de 33 à 52 fr. sur les 3 pour 100, on lui fournit des chances plus étendues; c'est donner des alimens à ce jeu funeste.

Nous avons eu des exemples récens des dangers de l'agiotage, les crises de la bourse, des faillites scandaleuses d'agens de change; et nous avons vu avec douleur se renouveler les scènes de la rue Quincampoix, dans lesquelles des prélats, les amis du cardinal Dubois, les convertisseurs de Law, les Bissy, les Lescure, les Champflour figuraient parmi les agioteurs du *système*.

Il me resterait à vous prouver que je crois l'opération impraticable, par le danger spécial qu'elle présente d'augmenter la masse des valeurs fiduciaires, au moment où la rareté du *medium* de circulation commandait de la diminuer; vous le pensez comme moi. Nous éviterons, je l'espère, la crise qu'elle nous préparait.

Je suis fatigué d'écrire, vous le serez de me lire. Je renvoie donc le développement de mes preuves, et celui des motifs de mon espoir, à ma première lettre. J'attaquerai à fond l'insuffisance du signe ou *medium* de circulation.

LETTRE VII.

Lay, près Paris, le 22 avril 1824.

Au très-honorable M. R. F...., Membre du Parlement, à Londres.

Un des vices de votre système d'emprunts, qui lui a été reproché avec le plus de force de raison et avec plus de gravité, non lors de la grande discussion qu'il fit élever en 1754, mais plus tard, et dès qu'il eut commencé à prendre quelqu'extension, c'est qu'il augmenterait le nombre des valeurs fictives et conventionnelles, et que leur nombre arriverait au point que la circulation manquerait de *medium* ou de signes, ou, pour être plus près de la vérité, de numéraire et d'espèces métalliques, non pour représenter ces valeurs fictives, mais pour en solder les ventes, le commerce et les intérêts. Je crois que ce moment est arrivé. De 1816 à 1824, les États de l'Europe ont porté leurs dettes publiques de 22 milliards à 44, et en ont élevé la valeur ou le cours, de 70, prix moyen de toutes, en y comprenant les vôtres, à 100. C'est 13 milliards et demi de valeurs fictives ou conventionnelles que vous avez créées de plus en trois ans. C'est donc, sous ces rapports, que le mode, d'après lequel doit s'effectuer la réduction de notre dette, me paraît dangereux, puisqu'il en augmente d'un tiers le capital, en payant en 3 p. 100 133,333 f. 33 c. ce qui n'en valait que 100,000 en 5 p. 100, et n'en vaudrait pareillement que 100,000 en 4 p. 100.

Je ne reviens donc plus sur ce que je vous ai dit. Il reste toujours bien établi que cette opération est à mes yeux injuste vis-à-vis de quelques-uns, impolitique vis-à-vis de presque tous; qu'elle est assez immorale dans ses causes et bien plus encore dans ses effets; et qu'elle est d'ailleurs sans motifs bien constatés, sans économie pour l'Etat, sans souvenir du passé et sans prévoyance de l'avenir; qu'indépendamment de ces caractères, qui frappent sur l'opération, considérée en elle-même et abstractivement des circonstances, elle me paraît prématurée. Dans tout ceci, je n'ai vu qu'un projet; j'assiste et je prends part à sa discussion. Je ne connais que les choses; les personnes ne sont plus rien pour moi. Un chancelier de l'échiquier, comme un président du conseil, comme un ministre des finances de France, arrivés au point précis où l'amortissement ne peut plus racheter qu'au-dessus du du pair, doivent provoquer du législateur, qui a créé ce fonds auxiliaire du Trésor, dans lequel un dixième de l'impôt net est annuellement versé, et pour une destination qu'il ne peut atteindre; des ministres des finances, répéterai-je, doivent provoquer du législateur une mesure nouvelle ou explicative et nécessairement une détermination législative générale sur la dette publique, ce sont là de grands devoirs; ils exigent de grands talens, et ils les auront rencontrés, nul doute. Les conseils, que doivent consulter ces ministres, ont été d'avis que ce moment est arrivé.

L'opinion publique cherche à s'éclairer sur ce point, et ne partage pas leur sentiment. Le mode de l'opération est également discuté et rencontre des oppositions. Cette opération, mesure, détermination, comme vous voudrez, ce grand procès, enfin, est instruit; le grand-conseil national prononce; et il crée dans cette occurrence une dictature financière plus ou moins limitée. C'est, parvenu sur ce point du terrain, que l'embrassant autant que me le permettent ma vieille intelligence et une expérience de quarante ans, je dis que l'opération sera difficile, si elle est praticable; qu'elle est dangereuse, si elle est pratiquée, et qu'elle peut ou produire une crise, ou augmenter graduellement les embarras que cause l'insuffisance du *medium* de circulation des espèces métalliques et des métaux précieux pour les besoins de l'Europe.

On se plaint partout de la rareté du numéraire, excepté dans les grandes capitales de l'Europe.

Dans celles-ci, centre de grandes monarchies, une masse considérable de numéraire, produit des impôts, y est attirée par la manie de la centralisation qu'elles ont prise de nous.

On se plaint partout de la modicité des prix de toutes les denrées et matières premières. L'accroissement des impôts, d'une part, et la diminution du numéraire, de l'autre, influent sur tous les prix pour en opérer la modicité, c'est-à-dire, l'insuffisance du prix à représenter le coût de la production. Les impôts augmentent les frais et les avances du producteur d'une manière plus forte qu'autrefois (1). La production devrait être plus chère, et la rareté du signe ne permet pas de don-

---

(1) En 1724, ministère du cardinal Fleury, il fallait, pour avoir un marc d'argent fin, donner deux setiers et huit boisseaux et demi, mesure de Paris; en 1824, il ne faut qu'un setier et sept boisseaux un tiers; mais, en 1724, un chef de famille acquittait sa part de l'impôt avec deux setiers et un boisseau. En 1824, il lui faut plus; il doit six setiers dix boisseaux deux tiers. L'ignorance présomptueuse ou l'intérêt argumentera de la cherté du blé, pour prouver l'abondance du numéraire. Vous voyez ce qu'on en doit penser. Depuis neuf ans l'or a pris le goût des voyages; monnoyé, il a les calèches-caisses des *Princes de la Banque;* en lingots et en barres, il arrive plus modestement par les chasse-marée de Dieppe, et vient encombrer les cours de la Banque de France. Nous en paierons les maquereaux plus chers cette année, ou nous les aurons moins frais. Vous voyez que les petits effets se lient aux grandes causes, si tant est que la gastronomie du siècle et de la ville admette que le plus ou le moins de fraîcheur de la marée soit peu de chose ou d'un petit effet pour Paris.

ner la même valeur qu'autrefois du travail et des avances qu'elle a coûtés.

Le blé, dans les neuf années qui ont suivi la restauration, est plus cher d'un cinquième que dans les neuf années qui ont précédé la révolution. Si l'argent était aussi abondant en 1823 qu'en 1786, il devrait être de 3/5 plus cher qu'en 1786.

On se plaint, dans le midi de l'Europe, des blés d'Odessa, et partout on prend des mesures législatives ou administratives contre eux. Il y a longtemps que les choses vont ainsi : ce blé de *corvée* a toujours embarrassé la culture de l'Italie, de la province romaine et de l'Espagne. Pline se plaignait, du temps de Trajan, du *Frumentum Tauricum et Ponticum*. L'introduction de ces blés de Pologne et de la mer Noire n'est donc pas une cause nouvelle de l'abaissement du prix des blés; elle n'en est donc pas une cause réelle. La rareté du signe, et je le répète encore du *medium* de circulation, est la vraie cause de la modicité ou de l'insuffisance des prix.

Toutes les denrées et matières premières ont vu diminuer leur prix : le sucre, ce blé des tropiques, le coton, le café, dans les colonies; en Europe, le blé, le vin, les bestiaux, la laine, la soie. Où en est la cause? La rareté de l'espèce.

Vous partagerez d'autant plus mon opinion, ou plutôt ma conviction, que vous nous avez fourni, en 1822, la preuve la plus complète de l'influence qu'exerce la rareté ou l'abondance du signe, sur le prix des denrées. La banque d'Angleterre effectua brusquement sa reprise des paiemens en espèces. Je n'entre pas dans ses motifs. Elle diminua la masse de ses billets (de 5 liv. sterl.) en circulation, de 7 à 8 millions. La suppression des petites banques de province enleva pareillement à la circulation 3 ou 4 millions sterlings ; ce qui faisait, sur une masse de *medium* de circulation de 53,000,000 liv. sterl. (1,325,000,000 fr.) une diminution de 11,000,000 liv. sterl. (275,000,000); aussi de mai 1821 à mai 1822, trente espèces de denrées, ou matières premières, ont diminué de valeur de 32 à 46 p. 100. Vous avez peu parlé de cette crise, de ses causes, des motifs personnels, plus ou moins blâmables, qui y étaient entrés pour beaucoup. Vous lavez votre linge sale en famille; c'est bien. Il est arrivé que nos journaux discourant principes, plutôt que rapportant des faits, ont laissé passer celui-ci; il était assez important pour être relevé.

Il eût fallu surtout faire ressortir l'excellent esprit public anglais et la force d'une organisation sociale comme la vôtre. Toute autre nation y eût succombé; mais vous vouliez sortir du papier-monnaie à tout prix, et le prix ne vous a pas été trop onéreux. Votre agriculture affranchie de ses entraves a repris l'essor, et est entièrement purgée de la lèpre honteuse du papier-monnaie à cours forcé.

Si l'opération de la réduction de notre rente

s'effectue mal, si les prêteurs viennent au remboursement en trop grand nombre, il faudra suppléer à l'insuffisance des moyens que la compagnie des banquiers y a consacrés, émettre des bons royaux. La banque de France ne les escomptera pas, ou n'en prendra que des sommes modiques; le cours s'en avilira et bientôt il sera forcé.

Venons actuellement à ma seconde proposition.

L'espèce, le numéraire est plus rare aujourd'hui qu'autrefois.

Les métaux précieux ont une valeur absolue, comme métaux. L'or, plus ductile, plus dur, plus brillant, plus pesant, moins atteignable par les acides que l'argent ou le platine, sera toujours d'un plus grand usage dans les arts que les deux autres métaux, que le cuivre, que le plomb, que l'étain, que le zinc. L'or, fût-il aussi commun, aussi facile à extraire que le fer, n'en aurait pas moins une valeur absolue considérable.

Mais l'or et l'argent, comme signe de nos échanges, ont, indépendamment de leur valeur absolue, une valeur relative, qui se mesure et s'estime sur la plus ou moins grande quantité des valeurs à échanger, sur le plus ou moins grand nombre des échangistes, en un mot sur les besoins monétaires des populations.

Le point de départ de tous les calculs qui pourraient être établis sur l'abondance ou la rareté des métaux précieux et du numéraire, en Europe, doit être l'époque des recherches et du rapport de votre comité des monnaies de 1810 et 1811.

Un nombre assez considérable de banquiers, commerçans en matières d'or ou d'argent, changeurs de monnaie, nationaux ou étrangers, sont venus devant un comité de la chambre des communes du parlement de l'Angleterre, formé de l'élite de ses membres, les plus distingués par leurs connaissances spéciales, déposer, sous la foi du serment, donner des renseignemens sur le commerce des matières, et répondre aux questions qui leur étaient faites sur l'objet des travaux du comité, la rareté ou l'abondance des métaux précieux. Un rapport a été fait à la chambre des communes; le procès-verbal des travaux et des recherches du comité et de ceux qu'il a entendus, a été imprimé et soumis à la chambre.

Je ne vois rien qui mérite davantage la croyance de tous les gens sensés, et le respect des savans.

Les calculs, les données de ce comité spécial s'accordent avec ceux que M. de Humboldt et M. Brongniart ont recueillis dans leurs voyages et par leurs travaux, et nous ont transmis dans des ouvrages écrits *ex professo*. Je le répète, je ne vois rien qui mérite plus la foi des hommes. Avançons.

La masse des matériaux précieux existant dans l'ancien monde, à l'époque de la découverte de l'Amérique, était estimée à 3 milliards, valeur numérique, calculée comme si toute cette masse n'était composée que d'un seul métal, soit de 250 millions de marcs d'argent, à 12 f. le marc, faisant aujourd'hui, (le marc d'argent fin à 53 f. 73 c.) 13,432,500,000f.

Le nouveau monde avait versé dans l'ancien, depuis la conquête jusqu'en 1809. 30,500,000,000

43,932,500,000

Sur ces 44 millards, il a été versé à l'Inde et à l'Asie par le commerce de la Méditerranée, comme par celui des mers à l'est du Cap-de-bonne-Espérance, 15,900,000,000

28,032,500,000

De ces 28 milliards, que reste-t-il dans la circulation monétaire? On ne peut le dire avec précision; on n'a que des approximations. On n'a pas plus de certitude sur la quantité d'or et sur celle d'argent qui existent dans cette masse formée de ces deux métaux précieux. Suivant les uns, l'or en ferait la soixante-huitième partie, suivant les autres, la cinquante-quatrième. La proportion monétaire moyenne, en Europe, de l'or à l'argent, est : : 1 : 15, 63.

La combinaison de cette proportion monétaire ne peut cependant donner rien de certain sur la masse du numéraire, circulant en 1809.

Le seul moyen de l'estimer paraît être de supposer que la quantité portée, de 1754 jusqu'en 1804, aux fabrications de l'industrie de l'Europe, y a été portée de tout temps. Elle est, depuis 1754, des 7/12 du produit annuel des mines. Nous aurions donc, sur les . . . . 28,032,500,000 fr.

de la masse des métaux précieux de l'Europe, à déduire pour les fabrications de l'industrie européenne, de temps immémorial, 7/12. 16,352,000,000

Il resterait donc en numéraire circulant, ou enfoui, ou perdu 11,680,500,000

Environ 12 milliards d'espèces. Je crois cette somme très-forte. Quand on pense, Monsieur, que votre pays fait sa circulation avec 500,000,000 fr. en or, et moins de 100,000,000 en argent; que la nôtre n'a jamais dû exiger plus de 1,500,000,000 fr., environ un marc d'argent par tête, on ne me croira pas éloigné de la vérité, en admettant qu'en 1809 la masse européenne des métaux précieux frappés en tous les coins, à tous les titres, en monnaies ayant cours, s'élevait à 10,000,000,000 fr.

A quels besoins suffisait-elle, en 1809?

A toutes les ventes et achats d'à peu près trente denrées ou espèces de matières premières différentes, productions grossières ou naturelles, ou consommations de 168,000,000 d'habitans de l'Europe; à toutes les avances et salaires de l'industrie qui s'exerçait sur elle; à l'échange ou vente en détail, en gros, chez soi, à ses voisins, des produits manufacturés et accrus par l'industrie, de ces matières premières et des denrées des Tropiques et du Nouveau-Monde; enfin à l'acquit d'à peu près 4,700,000,000 fr. d'impôts qui se prélevaient d'une manière plus ou moins centralisée, vexatoire ou douce, sage ou folle, prévoyante ou téméraire, et ruineuse, sur ces 168,000,000 d'individus, enfin aux mouvemens de dettes publiques de 22 à 23 milliards environ.

Vous remarquerez qu'à cette époque vous commenciez à vous servir du papier-monnaie, mais avec aisance et peu de gène. L'Autriche, la Russie, la Suède, la Prusse, le Danemarck étaient sous son joug, car il y avait des cours forcés.

Depuis 1809, de combien de marcs d'or et d'argent cette masse a-t-elle été augmentée?

Les produits annuels des mines de l'Ancien et du Nouveau-Monde sont estimés, d'après le comité des monnaies et MM. de Humboldt et Brongniart, s'élever, chaque année de paix et d'extraction ordinaire, en argent, calcul en piastres, de 5 fr. 30 c. chaque, à . . . . 31,899,060 piastr.

En or, toujours valeur en piastres, à	14,755,898 piastr.
	46,654,958
Il en est versé dans l'Asie, estimation anglaise.	29,214,529
Reste pour l'Europe, son industrie et ses monnaies. .	17,440,429

On peut calculer que, sur les sommes versées à l'Asie, il n'y a pas plus de trois millions de piastres en or. La masse de l'accroissement annuel des métaux précieux, versés en Europe, sera donc, pour l'or, valeur en piastres.	10,755,898 piastr.
Pour quinze ans, du 1er janvier 1809 au 1er janvier 1824.	161,338,470
En francs.	855,093,891 fr.
La valeur de l'argent, versé en Europe, est de 5,684,531 piastres, qui, à 5 fr. 30 c., donnent par année 30,128,014 fr. 30 c.	
Et en quinze ans.	451,920,214 50
Total.	1,307,014,105 f. 50 c.

Les fabrications de l'Europe ont exigé, chaque année, en or.	62,344,443 f. 64 c.
En argent.	212,903,742 19
	275,248,185 74
On les calculait, avant 1819, à.	75,630,500 00

En quinze ans, en raison sans doute du surcroît de population, de richesses, dit-on, mais bien plus certainement de luxe, elles ont exigé 3,000,000,000 fr. de plus; elles n'ont reçu que le tiers de cette somme, du produit annuel des mines d'or et d'argent. Les refontes en auront fourni une grande partie, mais il en aura été pris quelque autre sur la masse monétaire. Cet excès des fabrications de l'industrie européenne, depuis 1809, sur celles qui ont précédé cette époque, prouve l'augmentation des besoins. Il restera donc de tout ceci la conclusion que les mines du Monde ancien et nouveau n'ont augmenté les vingt-huit milliards de métaux précieux, destinés en Europe, soit aux fabrications de l'industrie, soit aux monnaies, que d'un vingt-unième environ.

Voyons actuellement à quels besoins doivent suffire ces vingt-neuf milliards et tiers de métaux précieux.

La population de l'Europe de 168,000,000 d'individus, est arrivée, au 1er janvier 1822, à 210,000,000. Ces 42,000,000 de survenans sont-ils des hommes à quarante écus comme feu M. André? Ce serait un mouvement de circulation de plus de 5,000,000,000 fr.; cette somme vous paraît-elle trop modique? Portez-la à 7, à 8, 000,000,000 fr.; c'est toujours un accroissement de mouvemens de la circulation d'un cinquième, ou plutôt d'un quart en sus, avec une augmentation d'un vingt-unième seulement du *medium* de circulation (1).

La masse des dettes publiques a été doublée en Europe : depuis trois ou quatre ans, on a donné à tous ces capitaux conventionnels une plus value de 30 pour 100 ; c'est-à-dire de 13 milliards. Les impôts actuels sont portés à 6 milliards et 1/2, au lieu de 4 milliards 2/3. Où est le signe pour faire face à tous ces nouveaux besoins ?

On émettra, répondront les faiseurs de projets, du papier-monnaie. Mais vous voyez que les monarchies absolues s'en séparent sans regrets. Le reprendront-elles ? Non, il a été créé par des nécessités dont elles veulent éloigner les souvenirs. Les monarchies tempérées ne pourraient pas proposer d'en fabriquer sans crises, sans convulsions, sans bouleversemens ; elles ne l'oseront pas.

Votre nation a contribué à cet embarras de l'Europe, soit par son système d'emprunt et son exemple, dont se sont prévalus les *princes de la banque* pour faire leurs affaires, soit par vos ver-

(1) Il est bien à croire que l'Amérique espagnole et anglaise, qui a augmenté sa population et ses besoins, aura écorné ses envois en Europe.

Tous les calculs que nous avons faits sur le produit des mines du Nouveau-Monde ont pour base l'état ordinaire de l'extraction. Nous avons voulu jouer beau jeu et donner quinte et bisques à nos adversaires. Il est reconnu que, depuis la lutte de l'Amérique espagnole contre *la Camarilla*, l'extraction des mines n'a pas produit moitié.

semens annuels à l'Inde et dans l'Asie de 20,000,000 de piastres que vous avez augmentés en faisant produire du sucre, de l'indigo, de la soie à l'Inde anglaise; 3 milliards de métaux en quinze ans, ajoutés à la masse de ceux qui existaient en Europe, auraient évité à celle-ci les crises qui se développeront tôt ou tard chez elle.

Aujourd'hui qu'il n'y a plus chez vous d'opposition, dans la chambre des communes, parce qu'il n'y en a pas dans la nation, et que votre ministère gère les affaires du pays, comme le pays l'entend, travaillez, avec quelque unanimité, à réparer les fautes que vos vieilles rivalités avec nous, éveillées par des haines nouvelles, vous ont fait commettre. J'aime beaucoup les principes; mais je les aime encore plus lorsqu'ils sont applicables ou appliqués. Vous devez être à peu près revenu de votre civilisation de l'Afrique. Ayez un peu moins de condescendance pour M. W..., quelque modération dans la poursuite de vos intérêts, un peu plus d'égards pour ceux de l'Europe, qui demande à l'Amérique des métaux, et croit dangereux de les verser à l'Inde. Faites renaître les cultures des tropiques du Nouveau-Monde, et ne continuez pas trop à les demander à l'Asie qui est bien plus loin de vous, et dans laquelle vont s'enfuir notre or et notre argent.

Obtenez quelques entrées dans les caves du Thibet ou de la Tartarie, ou quelques bons décrets de Sa Béatitude lamaïque, ou de S. M. chinoise, qui obligent leurs sujets à se pourvoir davantage d'objets manufacturés de l'Europe. Ils nous doivent bien cette compensation pour notre fureur pour le thé, qui, du reste, se passe chez vous comme chez nous.

Sans doute vous travaillez pour les intérêts de l'Europe, lorsque vous vous opposez à une croisade contre l'indépendance des colonies espagnoles, à de nouvelles guerres de principes et de sentimens. Que deviendraient les mines et leur produit, si l'émancipation de l'Amérique espagnole ne rouvrait pas ses mines d'or et d'argent, et ne redonnait pas de l'activité à l'extraction? Si l'Europe a besoin d'ordre, de discipline, de tranquillité et de paix, elle a besoin de métaux précieux et de numéraire, et moins elle aura de ceux-ci, plus elle sera privée d'industrie et d'activité, et de tout ce qui constitue une bonne organisation sociale. Les sujets heureux sont toujours des sujets faciles à gouverner; et vous en avez offert la preuve..... On travaille chez vous; on y a oublié les *Hunt* et les *Oliver*.

Dans ces temps d'illusions, de bouffissures, de corruption et de visionnaires, tâchez, mon honorable ami, de ramener les idées saines et positives. On ne se reconnaît plus en Europe à l'aspect que présentent les affaires. Ceux qui les mènent me paraissent des habitans du château de ce farfadet où notre bon roi Charles prenait son confesseur pour la gente Agnès. On y est entré droit de raison, et de sens lucide et rassis, on en sort fou, lunatique, et quelquefois par le suicide. Aujourd'hui vous séparez votre politique de celle du continent; il y a peut-être plus d'adresse que de générosité dans cette détermination. Vous n'irez pas, dit-on, à Milan : voulez-vous faire oublier que vous avez été à Laybach et à Vérone?

Je reviens à mes fleurs, à mon potager, à mes espaliers, etc.

FIN.

EXTRAIT du Catalogue des principaux articles de fonds et d'assortiment de la Libraire de BÉCHET aîné, quai des Augustins, n° 57, vis-à-vis le Pont-Neuf, à Paris.

AVRIL 1823.

OUVRAGES NOUVEAUX.

Collection des mémoires relatifs à l'histoire de la révolution d'Angleterre, accompagnée de notices et d'éclaircissemens historiques, précédée d'une introduction sur l'histoire de la révolution d'Angleterre, par M. *Guizot*; 25 vol. in-8, sur papier fin et caractères neufs; prix de chaque volume pour les souscripteurs. 6 f.

Pour ceux qui n'auront pas souscrit lors de la publication de la 6e livraison. 7 f.

Cette Collection sera publiée par livraisons de deux volumes, de six semaines en six semaines.

A partir du mois de Janvier dernier, les deux premières livraisons sont en vente, la 3e paraîtra dans le courant d'Avril.

Traité de la législation criminelle en France, par M. G. M. *Le Graverend*, maître des requêtes au conseil du Roi, ancien directeur des affaires criminelles et des grâces au ministère de la Justice; 2e édition, revue, corrigée et considérablement augmentée; 2 vol. in-4. (Avril 1823). 42 f.

Les Cabinets et les Peuples, depuis 1815 jusqu'à la fin de 1822 et le commencement de 1823, par M. *Bignon*; troisième édition, revue, corrigée et augmentée; 1 vol. in-8. (Avril 1823). 6 f.

De la Contre-révolution en France, ou de la Restauration de l'ancienne noblesse et des anciennes supériorités sociales dans la France nouvelle, par M. *Ganilh*, député du Cantal; 1 vol. in-8. (Février 1823.) 4 f. 50 c.

Collections des constitutions, chartes et lois fondamentales des peuples de l'Europe et des deux Amériques, avec des précis offrant l'histoire des libertés et des institutions politiques chez les nations modernes, et une table alphabétique raisonnée des matières, par MM P.-A. *Dufau*, J. B. *Duvergier* et J. *Guadet*, avocats à la Cour royale de Paris; 6 vol. in-8. (Avril 1823). 45 f.

Lettres de Junius, traduites de l'anglais, avec des notes historiques et politiques, par M. *Parisot*, ancien officier de Marine; traducteur de Florence Macarthy, Kenilworth, etc.; 2 vol. in-8, papier fin. (Mars 1823). 12 f.

Les Conseils du trône, donnés par Frédéric II, dit *le Grand*, aux rois et aux peuples de l'Europe, pour servir de commentaire à tous les congrés passés, présens et futurs; avec plusieurs lettres inédites de ce Prince, son testament, quelques particularités de sa vie militaire, littéraire et privée; les lacunes qui existaient dans toutes les éditions de ses ouvrages, remplies pour la première fois sur des manuscrits authentiques, publiés par M. P.-R. *Auguis*; 1 gros vol. in-8. (Janvier 1823). 7 f.

Ipsiboé, par M. *le Vicomte d'Arlincourt*, auteur du Solitaire et du Renégat; 3e édition, 2 vol. in-12, (Mars 1823). 6 f.

États de l'Angleterre au commencement de 1823; écrit officiel publié par le ministère de S. M. Britannique, traduit sur la quatrième édition anglaise, par MM. P.-A. *Dufau* et J. *Guadet*, traducteurs de l'Etat d'Angleterre en 1822; 2e édition, revue et corrigée; 1 vol. in-8. (Avril 1823). 4 f.

Nouveaux Contes, par Mme *Guizot*; 2 vol. in-12, ornés de six jolies vignettes. 8 f.

Contes et Conseils à mes fils, imités librement de Kotzebue, deuxième édition, revue, corrigée et augmentée par M. *Charrin*; 2 vol. in-12, ornée de jolies vignettes. (Mai 1823). 8 f.

Du Congrè de Troppau, ou Examen des prétentions des monarchies absolues à l'égard de la monarchie constitutionnelle de Naples; par M. *Bignon*; deuxième édition, revue et augmentée; 1 vol. in-8. 4 f.

Coup-d'œil sur les démêlés des cours de Bavière et de Bade; précédé de Considérations sur l'utilité de l'intervention de l'opinion publique dans la politique extérieure des états, par le *même*; 1 vol. in-8. 1 f. 50 c.

Lettres à un ancien ministre d'un état d'Allemagne, sur les différents de la maison d'Anhalt avec la Prusse, par le *même*; 1 vol. in-8. 1 f. 50 c.

Rodeur (le) français, ou les Mœurs du jour, M. B. de *Rougemont*; cinquième édition, 5 volumes in-12, ornée de 10 jolies gravures. (1822). 17 f. 50 c.

— Chaque volume se vend séparément. 3 f. 50 c.

OUVRAGES DE M. DE PRADT, ancien archevêque de Malines.

Parallèle de la puissance anglaise et russe relativement à l'Europe, suivi d'un aperçu sur la Grèce; 1 v. in-8. (Avril 1823). 4 f. 50 c.

Affaire (de l') de la loi des Elections; deuxième édition, revue et corrigée; 1 vol. in-8. 6 f.
Belgique (de la), depuis 1789 jusqu'à 1894; 1 vol. in-8. 3 f.
Congrès de Carlsbadt; 1re et 2e partie; 2 vol. in-8. 6 f.
Colonies (*des*) et de la révolution actuelle de l'Amérique; 2 vol. in-8. (Rare.) 15 f.
Europe (*l'*) après le congrès d'Aix-la-Chapelle; 2e édit., 1 vol. in-8. 6 f.
Europe (*l'*) *et l'Amérique* depuis le congrès d'Aix-la-Chapelle; 2 vol. in-8. Paris, 1821. 9 f.
Europe (*l'*) *et l'Amérique* en 1821; 2 vol. in-8., 1822. 12 f.
Examen du plan présenté aux Cortès, pour la reconnaissance de l'indépendance de l'Amérique espagnole; 1 volume in-8. 2 f. 50 c.
Grèce (*de la*) *dans ses rapports avec l'Europe;* deuxième édition, 1 vol. in-8. 2 f. 50 c.
Lettre à un Electeur de Paris; 1 volume in-8. 3 f.
Mémoires historiques, sur la révolution d'Espagne. 1 vol. in-8. 7 f.
Petit Catéchisme, à l'usage des Français, sur les affaires de leur pays; 2e édit. 1 vol. in-8. 3 f. 50 c.
Pièces relatives à Saint-Domingue et à l'Amérique; 1 vol. in-8. 3 f.
Préliminaires de la session de 1817; 1 vol. in-8. 3 f. 50 c.
Progrès (*des*) du gouvernement représentatif en France; 1 vol. in-8. 1 f. 25 c.
Quatre Concordats (*les*), suivis de considérations sur le gouvernement de l'Eglise en général, et sur l'Eglise de France en particulier depuis 1515; 4 vol. in-8. 22 f. 50 c.
Récit historique sur la restauration de la royauté en France le 31 mars 1814; 2e édit., 1822. 2 f.
Révolution actuelle (*de la*) de l'Espagne et de ses suites; 1 vol. in-8. 4 f. 50 c.
Six derniers mois de l'Amérique et du Brésil; 1 vol. in-8. 4 f. 50 c.
Trois derniers mois de l'Amérique méridionale et du Brésil (*les*); 2e édition, revue, corrigée et augmentée; 1 vol. in-8.; (rare.) 2 f. 50 c.
Antidote au congrès de Rastadt, suivi de la Prusse, et sa neutralité; nouvelle édit. de ces deux ouvrages; 1 gros vol. in-8. 8 f.
Procès complet de M. de Pradt pour son ouvrage sur l'affaire de la loi des élections; 1 vol in-8. 1820. 3 f.

ec
.cre,

COLLECTION DES PROSATEURS FRANÇAIS,

Imprimée par M. Auguste Bélin, dont je viens d'acquérir le reste des éditions.

Œuvres complètes de Montesquieu; 2 vol. in-8. de 700 à 800 pages, papier superfin. 15 f.

Œuvres de la Bruyère, Larochefoucauld, Vauvenargue, et un *Supplément* contenant les parties inédites; 1 gros vol. in-8. de 900 pages, et pap. superf. 12 f.

—— *De Diderot*; 6 vol. in-8., et 1 vol. supplémentaire d'*Œuvres inédites;* pap. superf. 54 f.

Le volume supplémentaire, séparément. 6 f.

—— *De Marmontel*; 7 vol. in-8. de 700 à 800 pages, pap. superfin. 56 f.

—— *De Thomas*; 2 v. in-8. de 700 pages, pap. sup. 16 f.

—— *De Duclos*; 3 v. in-8. de 700 pages, pap. sup. 24 f.

—— *De Barthélemy*; 4 vol. in-8. de 700 pages, papier superfin. 32 f.

—— *De d'Alembert*; 5 vol in-8. de plus de 600 pages, pap. superfin. 40 f.

Atlas pour les Œuvres de Barthélemy; in-4. 20 f.

Extraits de l'introduction à l'histoire de Charles-Quint, par *Robertson*, suivie d'un extrait de la guerre des communes de Castille, par le même auteur; traduction nouvelle, par MM. *Dufau* et *Guadet*, avec une préface, par M. *de Pradt*, ancien archevêque de Malines; 1 vol. in-8. (Avril 1823.) 5 f.

Savant de société, quatrième édition, revue, corrigée et considérablement augmentée; 2 vol. in-12, avec de nouvelles et jolies figures. (Mai 1823). 6 f.

Analyse raisonnée, et Conférence des opinions des commentateurs et des arrêtés des cours sur le code de procédure civile, par G. L. J. *Carré*; 2 vol. in-4. (Rare). 36 f.

Attila, tragédie en cinq actes, par M. *Hippolyte Bis*; 2e édit., ornée du portrait de Mademoiselle Georges. 1822. 3 f 50 c.

Budget politique, littéraire, moral et financier de la France, pour l'année courante, extrait du porte-feuille des ministres des deux régimes, par un homme qui l'a eu plus d'une fois entre les mains, sans jamais le prendre pour son compte. Paris, 1821; 1 vol. in-8. 5 f.

Collection complète de la Minerve française, par MM. *Aignan*,

Benjamin - Constant, *Evariste - Dumoulin*, *Etienne*, *Jay*, *Jouy*, *Lacretelle aîné*, *Tissot*, *Pagès*, etc., etc.; 9 gros vol. in-8. de près de 700 pages chacun, brochés, étiquetés, et ornés des 9 portraits des rédacteurs; au lieu de 126 f. 66 f.

Compensations (des) dans les destinées humaines, par M. *Azaïs*; troisième édition; 3 vol. in-8, avec une belle gravure servant de frontispice. 15 f.

Cours de politique constitutionnelle, ou Collection complète des ouvrages publiés sur le gouvernement représentatif et la constitution actuelle de la France, par M. *Benjamin-Constant*; 8 vol. in-8. 32 f.

Collection de 8 ouvrages de M. *Benjamin-Constant*, contenant: Lettre à M. le marquis de Latour-Maubourg, sur les affaires de Saumur; De la Dissolution de la chambre des députés; Eloge de sir Samuel Romilly; Des élections de 1818; Lettre à M. Charles Durand, avocat; Appel en calomnie de M. Blossiville contre Wilfrid Reynaud; Annales de la session de 1817 à 1818; Lettres (1re et 2e) à M. Odillon-Barrot sur le procès de Wilfrid Reynaud. 22 f.

Cours théorique et pratique de maréchalerie vétérinaire, à l'usage des élèves des écoles vétérinaires, par F. *Jauze*; 1 gros vol. in-4., orné de 110 planches, dessinées par Jacob. 30 f.

Correspondance philosophique et critique, composée de six lettres à M. de Châteaubriand, par M. *Azaïs*. 10 f.

Destins (les) de l'homme, poëme en 4 chants, par M. *Rochat*; Paris, 1822, 1 vol. in-12. 1 f. 50 c.

Dictionnaire français, par ordre d'analogie, contenant 4000 mots de plus que le Dictionnaire de l'Academie, et 3000 vers, pris dans les classiques, par M. *Lemare*; 1 gros vol. in-8., de plus de 800 pages. 9 f.

Elémens de la Grammaire française de Lhomond, nouvelle édition, corrigée sur les éditions données par l'auteur, augmentée de la concordance des modes et des temps des verbes, d'un traité complet des participes, par M. *Simonnin*, 1823; 1 vol. in-12 cart. 1 f. et pour 100 ex. 60 f.

Ermite (*l'*) du mont - St. - Valentin, par Mme *de Tercy*; 2 vol. in-12, 1821. 5 f.

Fantôme (*le*) *blanc*, ou le Protecteur mystérieux, par l'auteur d'Armand et d'Angela; 2e édit., 3 vol. in-12. 1823, orné d'une gravure. 7 f. 50 c.

Fastes de Henri IV, dit *le Grand*, contenant l'histoire de la vie de ce Prince, ses bons mots, saillies et réparties heureuses, ses correspondances, tant avec ses maîtresses qu'avec ses amis et les vies de Daubigné, Mornay, Bassompière,

Lesdiguières et Crillon, par M. A. V. *Revel*; 1 fort volume in-8. 6 f.

Femme auteur (la), ou les inconveniens de la célébrité, par Madame *Dufrénoy*; 2 vol. in-12. 4 f.

Fille (la), femme et veuve, imitation burlesque du Renégat de M. le vicomte d'Arlincourt, par L. T. *Gilbert*; 1 gros vol. in-12, 1822, figures. 3 f.

Fruits (les) amers du philosophisme ou Vie et fin tragique de F***, docteur en Droit, traduit de l'allemand sur la deuxième édition, par l'abbé B****; 2 vol. in-12, fig. 1821. 5 f.

Grammaire française, de Roy; 1 vol. in-12, 2e édit. 2 f. 50 c.

Industrie française, Exposition de 1819, par M. *de Jouy*, membre de l'Institut; 1 vol. in-8. cartonné. 5f. 50 c.

Jeune (le) Peintre, ou mon Histoire, par M. le *Gay*, auteur de la Roche du diable, du Marchand forain; 4 vol. in-12. 1821. 10 f.

Liberté (de la), considérée dans ses rapports avec les institutions judiciaires, par M. le *premier Président* de la Cour royale d'Ajaccio; 1 vol. in-8. 1823. 4 f. 50 c.

Macédoine ou poésies et chansons badines, par F.-P.-A. *Léger*, fondateur et convive des dîners du Vaudeville et des soupers de Momus; 1 vol in-18, avec 3 fig. et titre gravés. 1821. 2 f.

Mémoires sur les Cents jours, en forme de lettres, par M. *Benjamin Constant*; 2 vol. in-8. 1822. 6 f.

Nouveaux élémens de Chimie, théorique et pratique, à l'usage des étudians en médecine et en pharmacie, par *Adolphe Fabulet*, pharmacien-major; deuxième édition, entièrement refaite et augmentée avec 14 pl. 2 vol. in-8. 12 f.

Nouveau flambeau de la mer, ou Description nautique des côtes d'Angleterre, d'Irlande, d'Ecosse et de France; orné de cartes, plans et vues des côtes, par G.-S. *Faure*; 1 vol. in-8., 1822. 9 f.

Nouveau manuel des Notaires, ou Traité théorique et pratique du Notariat; par MM. J.-P. *P**** et J.-B.-T.-A. de *M****, avocats, 2e édit.; 1 gros vol. in-8., de 1000 pages. 10 f.

Origine (de l'), et des progrès de la législation française, ou Histoire du droit public et privé de la France, depuis la fondation de la Monarchie, jusques et y compris la révolution, par M. *Bernadi*, de l'Académie française; 1 volume in-8. 7 f.

Passe-Temps (les), choix de chansons et poésies de M. *Charrin*, convive des soupers de Momus; 3e édition, ornée de 6 jolies gravures et de musique. 3 f.

Peine (de la) de mort, en matière politique, par F. *Guizot*; 1 vol. in-8., 2e édition. 1822. 4 f.

Poëme lyrique, sur la mort de Napoléon, par *Lebrun*, auteur de *Marie Stuart*. 2 f.

Portraits politiques des papes considérés comme princes temporels et comme chefs de l'Eglise, depuis l'établissement du Saint-Siége à Rome, jusqu'en 1822, par J. A. *Llorente*, auteur de l'histoire de l'Inquisition d'Espagne; 2 vol. in-8., octobre 1822. (*Ouvrage très piquant.*) 11 f.

Principes généraux du Droit politique, dans leurs rapports avec l'esprit de l'Europe et avec la monarchie constitutionnelle, par J. P. *Pagès*, ancien magistrat; 1 vol. in-8. 6 f.

Puissance temporelle des papes et du concordat de 1817, par M. *Garinet*, avocat, in-8. 1 f. 80 c.

Recueil des annales de grammaire, par la société grammaticale de Paris, sur l'idéologie du langage et la classification des parties du discours; l'art étymologique, l'orthographe et la syntaxe. Les différentes méthodes d'enseignement, notamment celle de Pestalozzi, et diverses parties de grammaire. RÉDACTEURS: MM. *Butet*, directeur de l'école polymatique, *Eloi Johanneau*, *Krusi*, professeur de l'Institut de Pestalozzi, *Lemare*, directeur de l'Athénée des langues, *Lanjuinais*, pair de France, *Michel* de Neuville, *Pastelot*, professeur de langues, *Perrier*, professeur de littérature et de langues, *Rupp* de Rouen, *Scott* de Martinville, et *Vannier*, professeur de langue et de littérature; 1 gros volume in-8. 1823. 7 f.

Renégat (le), par M. le vicomte d'*Arlincourt*; 2 vol. in-8., pap. fin, orn. de jolies gravures. 9 f.

— Le même, 5e édition; 2 vol. in-12. orn. de deux jolies gravures. 1822. 6 f.

Renégate (la), par L. T. *Gilbert*; 2 vol. in-12, ornés de gravures. 5 f.

Sacre (du) des Rois de France, ou Inauguration de Pharamond, exposition des lois fondamentales de la monarchie française, par M. *Dufay* (de l'Yonne), avocat. Juillet 1822. 2 f.

Séjour d'un officier français en Calabre, ou Lettres propres à faire connaître l'état ancien et moderne de la Calabre; 1 vol. in-8., 1821. 4 f.

Séjour de trois mois dans les montagnes de Rome, pendant l'année 1819, par Marie *Graham*; traduit de l'anglais; 1 vol. in-8. 5 f.

Serf (le) du 15e siècle, par M. T. *Dinocourt*; 4 vol. in-12 ornés de 4 jolies gravures, 1822. 10 f.

Solitaire (*le*), par M. le vicomte d'*Arlincourt*; 9e édition, ornée de deux vignettes; 2 vol. in-12. 5 f.

Sort (*du*) de l'homme, dans toutes les conditions, par M. *Azaïs*; 3 vol. in-12. 8 f.

Théorie nouvelle et raisonnée du participe français, par M. *Bescher*; 3e édition, 1 vol. in-8., 1822. (*Cet ouvrage a été adopté par l'Université.*) 5 f.

Traité et questions de procédure civile, par G. L. J. *Carré*; 2 vol. in-4. 1821. 30 f.

Traité du gouvernement des paroisses; 1 vol. in-8., par G. L. J. *Carré*. 1822. 6 f.

Vie (*la*) *d'Erostrate*, découverte par Alexandre Verri, auteur des Nuits romaines au tombeau des Scipions, par *Lestrade*; 1 vol. in-12. 2 f. 50 c.

Voyage aux Etats-Unis d'Amérique, ou Observations sur la société, les mœurs, les usages, et le gouvernement de ce pays, recueillies en 1818, 1819 et 1820, par miss Wrigth, traduit de l'anglais, par J. T. *Parisot*; 2 vol. in-8. Cet ouvrage obtient le plus grand succès. 10 f.

Voyage en Europe et en Asie par les frères Bacheville, capitaines de l'ex-garde, après leur condamnation à mort par la cour prévotale du Rhône en 1816; 2e édition, 1 vol. in-8., orné d'une grav. Octobre 1822. (Ouvrage très curieu .) 6 f.

Livres d'assortiment et en nombres.

Abrégé de l'Histoire générale des voyages, par J.-F. *La Harpe*, nouvelle édition, mise dans un meilleur ordre, revue et corrigée avec le plus grand soin, par M. *Eyriès*; 24 vol. in-8., accompagnés d'un bel Atlas in-fo., grand papier, composé de 15 cartes coloriées. 152 f.

Abrégé élémentaire de l'Histoire de France, depuis les temps héroïques jusqu'à nos jours, par M. *Gault de Saint-Germain*; trois forts vol. in-12 12 f.

Abrégé de l'origine de tous les cultes, par *Dupuis*; 1 vol. in-8., nouvelle édit. 1822. 6 f.

Abrégé de l'Ami des Enfans, par *Berquin*; 3 vol. in-18. 3 f.

Amours secrètes de Napoléon, par le baron de *B***, sixième édit.; 6 vol. in-18, fig. 12 f.

Anecdoctes du dix-septième siècle, par M. *Collin de Plancy*; 2 vol. in-8. Paris, 1821. 10 f.

Anecdotes et Contes Moraux, traduits de l'italien, *de Soave*; 2 vol. in-18, avec 36 fig. 5 f. 50 c.

Anthologie lyrique, ou Chansons bachiques et folâtres; 1 vol. in-12. 3 f.

Arithmétique à l'usage de la Marine et de l'Artillerie, par *Bezout*; revue et rectifiée, par F. *Peyrard*. Paris. 1822. 3 f.

Atlas classique et universel de Géographie ancienne et moderne, dressé pour l'instruction de la jeunesse, et notamment pour les colléges, par *Lapie*; 1 vol. in-4., grand pap. cartonné. 30 f.

Atlas portatif de Géographie moderne des cinq parties du monde, composé de 32 cartes coloriées, par M. *Maire*, précédé d'un précis de Géographie moderne, et de notions sur la sphère, par Madame *Tardieu-Denesle*; 1 vol. in-8., format d'atlas, cartonné. 12 f.

Aventures de Télémaque fils d'Ulysse, par *Fénélon*; nouv. édition. 1 vol. in-12. 3 f.

Aviceptologie française, ou Traité général de toutes les ruses dont on peut se servir pour prendre les oiseaux; 9e édition augmentée de plusieurs traités sur la chasse; 1 gros volume in-12, avec une grande quantité de fig. Paris. 1821. 5 f.

Bibliothèque choisie pour les dames, rédigée par Mme *Dufrénoy*; 36 vol. in-18, papier vélin satiné. Imprimerie de Pierre Didot l'aîné. Paris, 1822, ornés de 2 vignettes et titres gravés à chaque volume. 144 f.

Cette jolie Bibliothèque est formée des chefs-d'œuvre des écrivains grecs, latins, français, anglais, italiens, espagnols, allemands.

Cabinet (le) du jeune naturaliste, ou Tableaux intéressans de l'histoire des animaux, traduit de l'anglais de Smith; 6 vol. in-12, ornés de 65 belles gravures. Paris, 1821. 24 f.

Caractères (les) de la Bruyère, suivis des caractères de Théophraste, traduits par le même, avec des additions et des notes nouvelles, par *Schweighaeuser*; nouvelle et belle édit. ornée du portrait de La Bruyère et précédée d'une notice sur sa vie, par *Suard*; 2 vol. in-8. 12 f.

Cinq Codes (les), nouvelle édition entièrement conforme à l'édition originale de l'imprimerie royale; 1 gros volume in-18. 1822. 3 f.

Code du Notariat, par L. *Marchin* fils, avocat; 1 vol. in-8. Liége, 1822. 7 f.

Comte de Valmont (le), ou les égaremens de la raison; 14e édit., 6 vol. in-12, fig. de Moreau. 21 f.

Constitution de la nation française, avec un essai de traité historique et politique sur la Charte, et un recueil de pièces corrélatives, par le comte *Lanjuinais*, pair de France; 2 gros volumes in-8. 14 f.

Cours de belles-lettres, par *Dubois Fontanelle*, auteur d'une traduction des Métamorphoses d'Ovide; 4 vol. in-8 20 f.

Cours de langue française, pratique et théorique en six parties; idéologie, lexicographie, prononciation, syntaxe, construction, ponctuation, par M. P. A. *Lemare*; 2e édit. entièrement refondue; 2 gros vol. in-8. 18 f.

Cours de langue latine théorique et pratique, ou 4000 exemples pris dans Tite-Live, Cicéron, Virgile, Horace, etc., par M. P. A. *Lemare*; 1 gros vol. in-8. 9 f.

Cuisinier (*le*) *royal*, 11e édition, augmentée de 1100 articles, et ornée de 9 planches; 1 vol. in-8. 7 f. 50 c.

Cuisinière (*la*) *bourgeoise*, suivie de l'office; nouvelle édition, 1 vol. in-12. 1 f. 80 c.

Dentiste (*le*) *des dames*, par *Joseph le Maire*, chirurgien dentiste de LL. MM. le Roi et la Reine de Bavière; 2e édit., ornée de 4 gravures et du portrait de l'auteur, revue, corrigée et augmentée; 1 vol. in-12. 3 f.

Dictionnaire critique des reliques et images miraculeuses, précédé d'un essai historique sur le culte des reliques et des images, sur les troubles élevés par les Iconoclastes, par M. *Collin de Plancy*; 3 vol. in-8. 1822. 18 f.

Dictionnaire féodal, ou Recherches et anecdoctes sur les dîmes et les droits féodaux, par M. *Collin de Plancy*; deuxième édition augmentée d'un parallèle entre l'ancien régime et le régime moderne; 2 vol. in 8. 10 f.

Dictionnaire de l'Académie française; cinquième édition. Paris, 1822. au lieu de 36 f. 30 f.

Dictionnaire universel de la langue française, avec la prononciation figurée, par *Gattel*, troisième édition, revue, corrigée et augmentée; 2 gros vol. in-8., de 880 pages. Au lieu de 24 f. 18 f.

Dictionnaire anglais-français, et français-anglais, abrégé *de Boyer*; 2 vol. in-8. 1821; nouvelle édition augmentée de 5000 mots. Au lieu de 18 f. 15 f.

Dictionnaire universel des synonymes de la langue française; 2 gros vol. in-12. Au lieu de 6 f. 4 f.

Dictionnaire géographique, ou Description de toutes les parties du monde, par *Vosgien*; nouv. édit. entièrement refondue; 1 gros vol. in-8., avec cartes, divers pavillons et tableau des monnaies de tous les pays, par *Goigoux*. 1823. 1 vol. in-8. 9 f.

Dictionnaire historique d'éducation, par *Filassier*; nouvelle édition, 3 vol. in-8. Au lieu de 18 f. 10 f.

Dictionnaire de poche de la langue française, par *Philippon de la Madeleine*; troisième édition; 2 volumes in-8., papier coquille. Au lieu de 6 f. 4 f.

Dictionnaire rural et raisonné *de Gaçon Dufour*; 2 volumes in-8. Au lieu de 12 f. 9 f.

Discours sur l'Histoire universelle, à Monseigneur le Dauphin, par *Bossuet*; 2 gros volume in-12. 5 f.

Ecolier (l') de Brienne, Mémoires inédits publiés par le baron *de B******; 3 vol. in-12, avec des *fac simile* de l'écriture de Napoléon. Au lieu de 9 f. 6 f.

Education (de l') des enfans, par *Locke*, traduit de l'anglais par *Coste*; nouvelle édition revue par M. *Thurot*, professeur au collége de France; 3 vol. in-12. 6 f.

Elémens de la science du droit, à l'usage de toutes les nations et de toutes les classes de citoyens, par *Lepage*; 2 volumes in-8. 12 f.

Enseignement des humanités, par *de Bigault d'Arcourt*; 1 v. in-8. 6 f.

Esquisse d'un tableau historique des progrès de l'esprit humain, par *Condorcet*; 1 fort v. in-18., petit texte. 1822. 3 f.

Essai historique sur la puissance temporelle des Papes, et sur l'abus qu'ils ont fait de leur ministère spirituel; 4e édit.; 2 vol. in-8. 10 f.

Etudes françaises de littérature et de morale, par *Lebrun de Charmettes*; 2 gros volumes in-8. Paris, 1822. 12 f.

Etudes convenables aux demoiselles, à l'usage des écoles et des pensions, par madame la comtesse *d'Hautpoul*; 2 gros vol. in-12. 7 f. 50 c.

Exercices de la langue française, contenant plus de 4000 ex. pris dans Bossuet, Pascal, Fénélon, Molière, Lafontaine, Boileau, Racine et autres, par M. P. A. *Lemare*; 1 gros vol. in-8. 9 f.

Fastes (les) d'Ovide, traduction en vers, par F. *de Saintange*; 1 vol. in-12 2 f. 50 c.

Fêtes et courtisannes de la Grèce; 4e édition, revue et corrigée avec soin; 4 vol. in-8., papier d'Angoulême, avec de jolies figures et musique. 1821. 24 f.

Histoire du Bas-Empire, commençant à Constantin-le-Grand, par *Lebeau*; 13 g. v. in-8. Paris, 1821. Au lieu de 91 f. 60 f.

Histoire de Jeanne d'Albret, reine de Navarre et mère d'Henri IV; 3 gros vol. in 8. avec portrait. Paris, 1821. 18 f.

Histoire des Empereurs romains depuis Auguste jusqu'à Constantin, par *Crevier*, faisant suite à l'Histoire romaine; nouvelle éd., 6 vol. in-8. avec atlas, gr. in-4. Au lieu de 45 f. 30 f.

Histoire de France depuis les Gaulois jusqu'à la mort de

Louis XVI, par *Anquetil* de l'Institut, nouvelle et jolie édition; 15 gr. vol. in-18. 1822. Au lieu de 30 f. 20 f.

Histoire philosophique et politique des établissemens et du commerce des Européens dans les deux Indes, par G. T. *Raynal;* nouv. édit. revue par *Jay;* 12 vol. in-8. et atlas. 1820. Au lieu de 100 f. 80 f.

Homme (l') considéré dans l'état d'aliénation mentale, ouvrage divisé en trois livres, par le docteur *Charles Dunne;* 1 vol. in-8. avec une figure allégorique. 2 f.

Ile (l') inconnue ou Mémoire du chevalier de Gastines, publiés par *Grivel;* 2 vol. in-12, 4e édit. ornée de 11 gravures en taille douce. 6 f.

Instruction sur l'Histoire de France et Romaine, par *le Ragois;* nouvelle édit. revue, corrigée et continuée jusqu'en 1822, par *Caillot;* 2 vol. in-12, portraits. 3 f. 50 c.

Jeunes (les) personnes, par madame *de Renneville;* nouv. édition; 2 vol. in-12, avec titres gravés, et 12 gravures. 8 f.

Jeunes (les) *voyageurs*, ou Lettres sur la France, en prose et en vers, par L. N.-A. et C.-T., 6 vol. in-18, ornés de 88 fig. 30 f.

Journal de Cléry, ou Récit de ce qui s'est passé à la tour du Temple, pendant la captivité de Louis XVI; 1 volume in-12. 3 f. 60 c.

Jugement impartial sur Napoléon, ou Considérations philosophiques sur son caractère, son gouvernement, par M. *Azaïs;* 1 vol. in-8. 1820. 5 f.

La Fontaine et tous les fabulistes, ou La Fontaine, comparé avec ses modèles et ses imitateurs; nouvelle édit. avec des observations critiques et littéraires, par *Guillon;* 2 volumes in-8. 10 f.

Lettres de madame la marquise de Pompadour, écrites à plusieurs personnages illustres du dix-huitième siècle; nouvelle édit. 2 vol. in-12. 5 f.

Liaisons dangereuses (*les*), par *Laclos;* 2 vol. in-12, jolie édit., ornée de 5 belles gravures. 1820. 7 f. 50 c.

Lycée ou Cours de littérature, ancienne et moderne, par *La Harpe*, troisième édit. complète, revue et augmentée de divers fragmens, contenant l'examen de quelques ouvrages de Collin d'Harleville, Fabre d'Eglantine, Florian, Lebrun, Mirabeau, par le même auteur; 16 gros vol. in-18. Paris, Firmin Didot. 1822. Au lieu de 40 f. 30 f.

Maître (*le*) *d'Anglais*, par *Cobbet*, avec notes de Poppleton; 1 gros vol. in-12. 3 f. 50 c.

Martyres (*les*) *de la foi*, pendant la révolution, par l'abbé *Guillon;* 4 vol. in-8. Au lieu de 33 f. 24 f.

Mémoires de Sully, principal ministre de Henri-le-Grand; mis en ordre avec des remarques, par l'abbé *de l'Ecluse-des-Loges ;* nouv. et belle édit., enrichie de l'éloge de Sully, par M. le comte *Daru ;* 6 gros vol. in-8., ornés de 2 beaux portraits, papier satiné. 42 f.

Mémoires de Madame la marquise de la Roche-Jacquelin; cinquième édit., 1 vol. in-8., orné d'un portrait et de deux cartes. Paris. 1822. 7 f.

Mémoires du cardinal de Retz, de Guy-Joly, et de la duchesse de Nemours, contenant ce qui s'est passé de remarquable en France, pendant les premières années du règne de Louis XIV ; nouv. édit.; 6 vol. in-8., ornés d'un beau portrait du cardinal de Retz, et du *fac simile* d'une de ses lettres. Au lieu de 36 f. 30 f.

Mythologie (nouvelle) de la jeunesse, divisée en 4 parties. 1° Les divinités du premier ordre; 2° les divinités du 2e ordre; 3° les héros; 4° les divinités allégoriques, par madame *Tardieu Denesle;* nouv. édition; 2 vol. in-12, ornés de 83 jolies figures. 6 f.

Napoléon en exil à Sainte-Hélène, Relation contenant les opinions et les réflexions de Napoléon sur les évènemens les plus importans de sa vie, et ornée d'un *fac simile*, recueillie par *Barry*, E. *O'meara*, son dernier chirurgien; 2 vol in-8. Ouvrage fort piquant. 12 f.

Orateurs chrétiens (les), ou Choix des meilleurs discours prononcés dans les églises de France, depuis le commencement du siècle de Louis XIV jusqu'à nos jours; 22 vol. in-8., édition ornée des portraits de Bourdaloue, Massillon, Fénélon et Fléchier (l'ouvrage est terminé). Au lieu 132 f. 110 f.

Origine (de l') des lois, des arts et des sciences, et de leurs progrès chez les anciens peuples, par *Goguet;* 3 vol. in-8., grande justification, avec 9 planches et des tableaux. 21 f.

OEuvres de Molière, avec des remarques grammaticales, des avertissemens et des observations sur chaque pièce, par *Bret*, précédées de la vie de Molière, par *Voltaire*, et de son éloge, par *Champfort;* 6 vol. in-8. 1822. Au lieu de 42 f. 36 f.

OEuvres de Molière, avec un commentaire, par *Petitot;* six vol. in-8., 16 gravures, belle édition. Paris, 1821. Au lieu de 42 f. 36 f.

OEuvres complètes de l'abbé Millot de l'Académie française, contenant l'histoire générale ancienne et moderne, l'histoire d'Angleterre et l'histoire de France; nouv. édit. continuée jusqu'en 1816 par M. *Milton*, prof. de la faculté des lettres de l'Acad. de Paris; 12 vol. in-8. Au lieu de 72 f. 60. f.

Œuvres complètes de Massillon ; 15 vol. in 8., ornées d'un beau portrait de Massillon; nouvelle et jolie édit. Paris, 1821. Au lieu de 91 f. 75 f.

Œuvres des deux Chenier; 7 vol. in-18. 1822. 21 f.

OEuvres choisies de Daguesseau, chancelier de France, précédées d'une notice sur sa vie et de son éloge, par *Thomas ;* 6 forts vol. in-8. Paris, 1820. Au lieu de 36 f. 30 f.

OEuvres complètes d'Augustin Caron de Beaumarchais; nouvelle édit., 6 gros vol. in-8., ornés d'un beau portrait de Beaumarchais Paris, 1821. 36 f.

OEuvres complètes de lord Byron, traduites de l'anglais, troisième édit., entièrement revue et corrigée; 11 vol. in-18, bien imprimés et ornés d'un beau portrait. 1822. 22 f.

OEuvres complètes de Florian ; 24 vol. in-18, avec 24 gravures. Au lieu de 24 f. 18 f.

OEuvres de Servan, ancien avocat général au parlement de Grenoble; 2 vol in-8. 12 f.

OEuvres complètes de madame Cottin ; 12 vol. in-18, ornés de 12 jolies grav. 12 f.

Précepteur (le) des enfans, ou le Livre du second âge, par madame *de Renneville.* 2 f. 50 c.

Précis alphabétique de la science notariale, par *Delmas de Terregaye ;* 1 vol in-8. 6 f.

Procédure civile des tribunaux de France, par M. *Pigeau ;* troisième édit., 2 vol. in-4. Au lieu de 36 f. 30 f.

Proscriptions (des), par *Bignon* (membre de la chambre des députés); 2 vol. in-8. Paris; 1821. 12 f.

Proverbes dramatiques de Carmontelle, précédés de la vie de Carmontelle; nouv. édit. complète, publiée par M. *de Mery ;* 4 gros v. in-8. Paris, 1822 (petit-romain). Au l. de 28 f. 22 f.

Système de la nature ou des Lois du monde physique et du monde moral, par le baron *d'Olbach*, avec des notes de Diderot; 2 vol. in-8. 12 f.

Traité des attributions des juges de paix, et de leurs différentes fonctions, par *Barbedette-Chermelais;* 1 vol. in-8, 5 f.

Trois règnes de l'histoire d'Angleterre, précédés d'un précis sur la monarchie, depuis la conquête, et suivis d'un tableau abrégé de la constitution anglaise, par *Martial-Sauquaire Souligné ;* 2 vol. in-8. 1820. 10 f.

Vocabulaire de l'Académie française, par *Goignoux;* 1 gros vol. in-8. 1822. 8 f.

Voyage du jeune Anacharsis en Grèce, vers le milieu du 4e siècle avant l'ère vulgaire, par l'abbé *Barthélemy ;* nouvelle édition; 7 vol. in-8., satiné, portrait, et 1 vol. en forme d'atlas in-4. oblong; ornés de cartes géographiques, plans, médailles et de 7 belles vues, en tout 39 pl. gravées par *Tardieu*. Paris, Ledoux, 1821. 74 f.

Voyage à Tripoli, ou Relation d'un séjour de 10 ans en Afrique, traduit de l'anglais, par J. *Maccarthy*; 2 forts vol. in-8., ornés de belles cartes et fig. très soignées. Paris, 1821. Au lieu de 15 f. 10 f.

Chagrins domestiques de Napoléon Bonaparte à l'Isle Sainte-Hélène, précédés de faits historiques de la plus haute importance, le tout de la main de Napoléon ou écrit sous sa dictée; 1 vol. in-8. 4 f.

Dix (*les*) *nouvelles*, ou les Jeunes personnes à leur entrée dans le monde, par *Choquet*; 2 v. in-12, avec 12 jol. gr. 8 f.

Histoire de la guerre d'Espagne et de Portugal, pendant les années 1807 à 1813, plus la campagne de 1814, dans le midi de la France, par *de Beauchamp*; 2 vol. in-8. 12 f.

Héros (*les*) *chrétiens*, ou les martyrs du Sacerdoce; 1 gros vol. in-12, orné de figures. 3 f.

Langue (*la*) *française* et l'orthographe enseignées par principes et en vingt-quatre leçons, par *Fournier*; 29ᵉ édit. 1 vol. in-12. 1 f. 25 c.

Nouveau dictionnaire de la langue française, par *Laveaux*; 2 vol. in-4. Paris, 1820. 42 f.

Palmire, ou l'éducation de l'expérience, par Mme *de Renneville*; 2 vol. in-12, ornés de 12 jolies figures. 1823. 8 f.

Ruses (*les*) *des filous et escrocs dévoilés*, contenant les détails des ruses, finesses employées par les filous et escrocs, pour faires des dupes; 5ᵉ édit., 2 vol. in-12 avec 4 gravures. 5 f

Sermont du père Lenfant, jésuite, prédicateur du Roi. Paris, 1818; 8 gros vol. in-12. Au lieu de 28 f. 17 f

Vie et fin déplorable de madame de Budoy, trouvée en janvier 1814 entièrement nue et vivante dans les montagnes des Pyrénées; 2 vol. in-12 avec de jolies gravures. 6 f.

Abrégé (*l'*) du cours de littérature de La Harpe, publié par *Réné Perrin*. Paris, 1822. 2 v. in-12. 7 f

Amours (*les*) du chevalier de Faublas, par *Louvet de Couvray*; nouvelle édition; 4 vol. in-8., imprimés par Firmin-Didot, sur pap. sup., ornés de 8 belles grav., par Ambroise Tardieu. Paris, 1821. 25 f.

Anatomie générale, précédée des recherches physiologiques, sur la vie et la mort, par *Xav. Bichat*, avec des notes de Maingault; nouvelle édit., ornée d'un beau portrait; 2 forts volumes in-8. 13 f.

Annales statistiques des Etats-Unis; 1 fort vol. in-8., enrichi de 60 tableaux, traduit de l'anglais, par *C.-A. Scheffer.* 8 f.

Catéchisme du soldat français, ou dialogue historique sur les campagnes modernes de l'armée française, par *Constant-Taillard*; 1 vol. in-12, fig. 3 f.

Des délits et des peines, par *Beccaria*, avec le Commentaire de Voltaire, les notes de Diderot, de Morellet, de Brissot, Warville, de Mirabeau; 1 fort vol. in-8., très beau papier, caractère de Didot. 6 f.

Elémens de Chimie agricole, par *Davy*, traduit de l'anglais, avec un traité sur l'art de faire le vin, et de distiller les eaux-de-vie; 2 vol. in-8., ornés de planches. 1821. 12 f.

Esprit du code de commerce, ou Commentaire puisé dans les procès verbaux du conseil d'Etat, etc., par M. *le baron Locré*; 10 vol. in-8. Au lieu de 62 f. 45 f.

Esprit (l') de l'Eglise depuis les apôtres jusqu'à nos jours, par *de Potter*; 8 vol. in-8. Au lieu de 60 f. 50 f.

Essais de Montaigne; très jolie édition; 6 gros vol. in-18, papier des Vosges. 15 f.

Etudes de l'histoire ancienne et de celle de la Grèce, par *Levesque*; 5 vol. in-8. 27 f. 50 c.

Exemples (les) célèbres, ou nouveau choix de faits historiques, par *Lemaire*; 1 vol. in-12. 3 f.

Fables de La Fontaine; 1 gros vol. in-18. 2 f.

Formulaire de tous les actes, tant civils que commerciaux, par *Léopold*; 1 vol. in-12, 6e édit. 1821. 2 f. 50 c.

France (la) sous ses rois, ou Essai historique sur les causes qui ont consommé la chute des trois premières dynasties, par *Dampmartin*; 5 vol. in-8. Au lieu de 30 f. 24 f.

Gibbon de la jeunesse, ou Abrégé de l'histoire de la décadence et de la chute de l'empire romain de Gibbon, par *Caillot*; 2 vol. in-12, figures. 9 f.

Lycée ou Cours de littérature, ancienne et moderne, par *La Harpe*; 18 volumes in-12, bien imprimés. Dijon, 1822. Au lieu de 54 f. 40 f.

Manuel du notaire, ou Instruction par demandes et réponses; quatrième édit., par *Goux*; 1 vol. in-8. 6 f.

Manuel du Fileur-Cordier, également utile aux agriculteurs de chanvre, aux navigateurs ingénieurs et entrepreneurs de mécaniques, in-8., avec planches. 5 f.

De l'Imprimerie de HUZARD-COURCIER, rue du Jardinet, n° 12.

www.ingramcontent.com/pod-product-compliance
Ingram Content Group UK Ltd.
Pitfield, Milton Keynes, MK11 3LW, UK
UKHW021106200726
13857UKWH00003B/1114